星と雪の巡礼祭（コイユリーテ）の最終日の朝、氷河上での祈りを終えた男たち数人が十字架を背負い、残りの者たちは氷河を崩し、そのブロックを背負って降りる。氷を背負って降りると、それまで一年間の罪が許されるという。

祭の中日の日曜日、ウククの有志たちが十字架を担いで氷河に上る。標高 5000 メートルの万年雪の上に十字架を立てる。

氷河の上に立てられた十字架に祈りを捧げる
巡礼者たち。感きわまって泣き出す者もいる。
十字架を持ち上げることは名誉なのだ。

早朝のマチュピチュ。霧が晴れて、その全貌が現れてきた。深い谷の中に美しいクスコ様式のインカ遺跡がある。20 世紀初めまで外部の者に見つからず埋もれていた。

ケロ村やクスコ地方では最大の霊峰であるアウサンガテ山（6384メートル）。その麓の高原で家畜の番をしながら糸を紡ぐ女性。

標高4300メートル、ケロ村のチョワチョワ地区に雪が降った。アルパカ、リャマ、羊を飼っている4000メートル以上の高地が彼らの生活の中心だ。雨期はもちろん乾期にも雪は降る。日中、日が照ると暖かいので、降った雪はやがて解ける。

チョワチョワの朝。太陽が顔を出すころ、囲い場の中で休んでいた家畜が一斉に外に出される。さらに高地で草を食べるために、斜面を上って行く。

目次

星と雪の巡礼祭 20

ケロへ 46

インカの末裔の村ケロ 66

パドリーノ・セキノ 78

ヴィルヘーナのその後

ケロの少年イラリオとサントス 102

小さな家畜番

アンデス少年の夢

2人だけの留守番

ケロの子どもたち 148

ファンじいさんとインカ・ソシアリズム 156
トウモロコシのキャラバン 170
ジャガイモの栽培 194
フェリシータの恋 206
外部社会との関わり 224
アルパカ融資
ラッサロの事故死
アルパカ牧童協会
ケロ再訪 238
村の変化
ケロの今後
あとがき 252

標高1500～2000メートルの畑から収穫してきたトウモロコシを高地で乾燥させる。十分乾燥すると長期保存ができる。茹でたり、煎ったりして食べる他、チーチャという酒の材料にもなる。

標高差の大きいケロでは様々な野生の花が咲く。少女たちはそれを摘み、帽子などに飾る。

インカの末裔と暮らす

アンデス・ケロ村物語

ケロ周辺図

パンチャコーヤ
ケロ
パウカルタンボ
シナハラ山群
コイユリーテ
タヤンカニ
ウルコス
オコンガテ
アウサンガテ山
▲(6384m)
ピルカノータ山群
0 10 20 30 40 50km

南米大陸
トリニダード・トバゴ
パナマ
ベネズエラ
ガイアナ
スリナム
ギアナ(仏)
コロンビア
エクアドル
ペルー
リマ
クスコ
チチカカ湖
ボリビア
ブラジル
パラグアイ
チリ
アルゼンチン
ウルグアイ
ケロ周辺図
0
1000
2000km

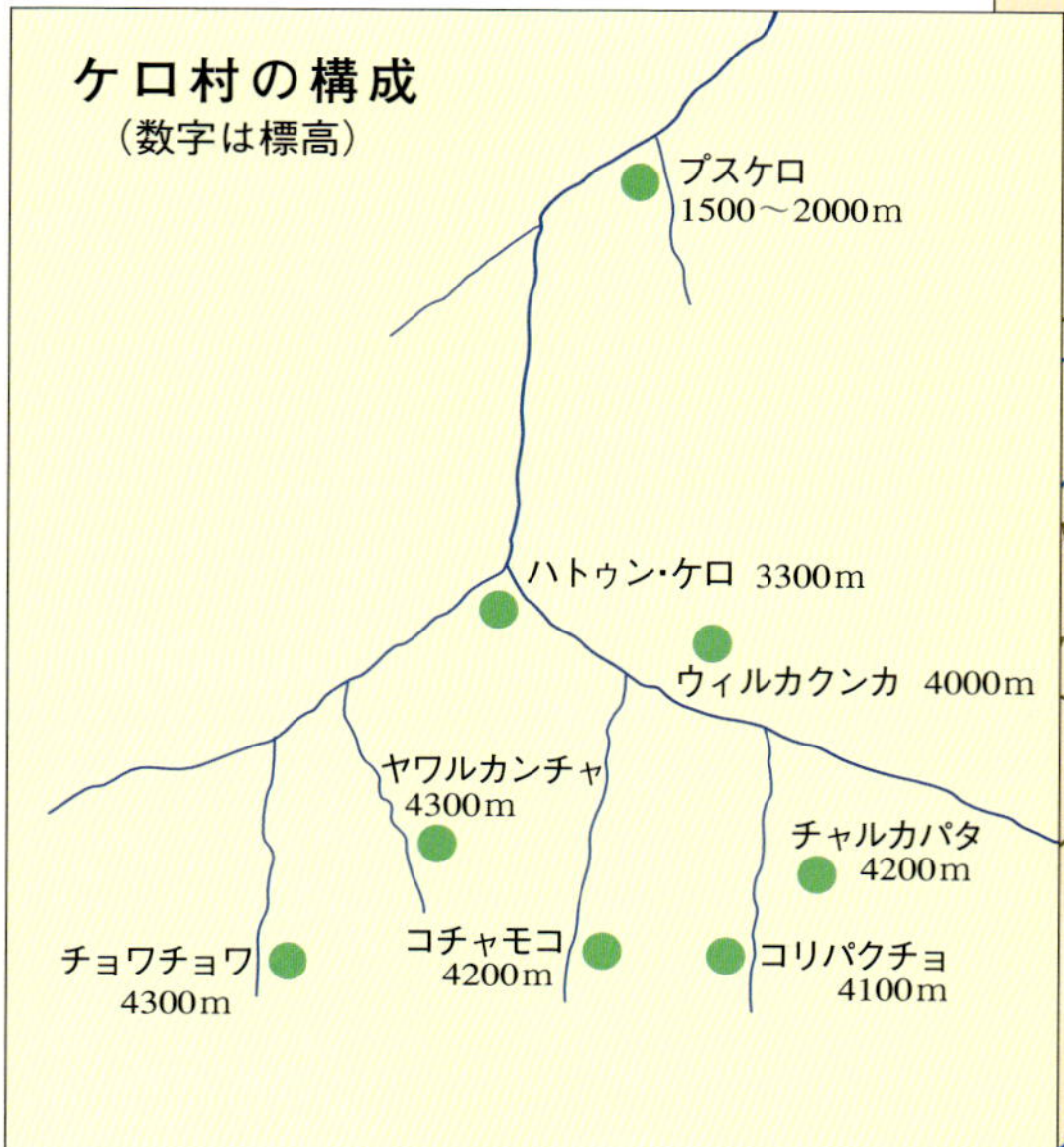
ケロ村の構成
（数字は標高）
プスケロ
1500～2000m
ハトゥン・ケロ 3300m
ウィルカクンカ 4000m
ヤワルカンチャ
4300m
チャルカパタ
4200m
チョワチョワ
4300m
コチャモコ
4200m
コリパクチョ
4100m

マチュピチュ
クスコ

星と雪の巡礼祭

真夜中の12時を回っていた。凍えるほどの寒さで、羽毛のシュラフに頭まですっぽり潜り込んでも、興奮して眠れない。テントの外では何種類もの楽器が、大きさも高低もばらばらにすさまじい音を奏でている。標高5000メートル近い谷間に出現した大野外オーケストラの大音響に圧倒された。

6月上旬、アンデス山中に3万人の巡礼者たちが集まってコイユリーテが繰り広げられる。〝コイユリーテ〟とはケチュア語で「星と雪」という意味だ。巡礼祭の呼び名になっている。その日は最終日の前夜であった。5日間の祭典のうち最も盛り上がる夜である。300グループに及ぶ舞踊団と楽団が集まっていた。その楽団が、最後の夜ということで、一斉に力一杯の演奏をしていた。それが付近の峰々に反響して、すごい効果音を出していたのだった。演奏者の数は1000人を下らないだろう。太鼓、ケーナ、トランペット、アコーディオン、バイオリン、マンドリン、チャランゴ、クラリネット、ハープ、

巡礼者たちは鍋釜を背負い、食料をリャマや馬の背に載せてやって来る。

その他さまざまな楽器を持ち寄っていた。調子はずれの演奏も多い。それでいて、妙に調和がとれ、広い谷を会場とした大オーケストラとなっていた。

人々はインカ帝国の首都であったクスコや、チチカカ湖周辺の広大な地域から集まって来ていた。近くに住む者は馬やリャマに荷を積んで、遠くに住む者はトラックに便乗してやって来た。大きな鍋や薪《まき》を担ぎ、村ごとにグループを組んでいた。ホテルや宿などあるはずがない。皆野営である。野営といっても安物のビニールシートを屋根代わりにするだけで、地面に毛布やポンチョにくるまってゴロ寝である。毎年やって来る者が多く、皆露営する場所は決まっている。新参者は露営場探しに苦労する。

自炊する者が多いので、朝になると礼拝堂の周りにもうもうと煙がたつ。テントを張った簡易食堂もでき、そこで食べる者もいる。3年間続けて参加すると幸運がやって来ると言われている。私も198

ウククと呼ばれる選ばれた人々が、5日間続く巡礼祭の中日に重い木製の十字架を氷河上に担ぎ上げる。

十字架が氷河上に立てられると、次から次へと一般の巡礼者がやって来て、祈る。

1年から3年続けて参加した。その後も数回参加している。今まで大きな事故も病気もなく、無事に旅を続けられた。生きているというだけで幸運だと思う。

ウクク（熊）と呼ばれる人々が、長さ3メートルほどの木で作られた立派な十字架を担いで行く。ウククは巡礼祭の進行役を務め、警察権を持っている。ウククが目指すはシナハラ山の氷河の上だ。10人ほどのウククがおよそ標高5000メートルの高さまで、休息を取りながら登る。

最初は岩のゴロゴロした、踏み跡もほとんどないルートを登る。氷河の舌端《ぜったん》はやや急でアイゼンなしで登るには危険だ。安全で登りやすい登り口を探す。氷河の上に雪が積もっていれば楽なのだが、氷がむきだしになっていると滑りやすい。革靴を履いている者が多いが、古タイヤで作ったサンダルで登る者もいる。なかには靴下を履かない者までいる。何人かが太いロウソクを持っている。制服というわけで

およそ300の村々の楽団と舞踏団が、礼拝堂の前で踊りを捧げ、あちこちで演奏し、踊る。

はないが、各自がたくさんの白黒の毛糸を植毛したように縫いつけた手作りのポンチョを身につけている。また、革やリャマの毛を編んで作った鞭《むち》を持っている。それが氷の上の危険な箇所を通る時に、お互いに安全を確保するためのロープ代わりになる。

慎重に氷河の上を歩いて十字架を立てる。十字架にはいくつもの帯が垂れ下がっていて、男たちはそれに口づけして祈る。さらにロウソクを立て、火をつけて祈る。感きわまって涙を流す者もいる。クスコ周辺の5つの郡それぞれに異なった色の十字架を持っている。この時期以外は礼拝堂の中にある。それぞれの郡が別々の場所に立てる。眼下の遥か彼方に礼拝堂が見える。その周囲にいる人間はゴマ粒のようだ。

3万人の巡礼者たちは、それぞれが神聖な祈りを捧げ、現世の現実的なご利益を得ようと集まって来る。礼拝堂や氷河に立てられた十字架の前で祈る彼らの表情は真剣そのものだ。礼拝堂の周りでは、大

礼拝堂の周りを舞踏団が踊りながら一周する。
その後方には楽器を持った楽団が演奏をしな
がらついてくる。

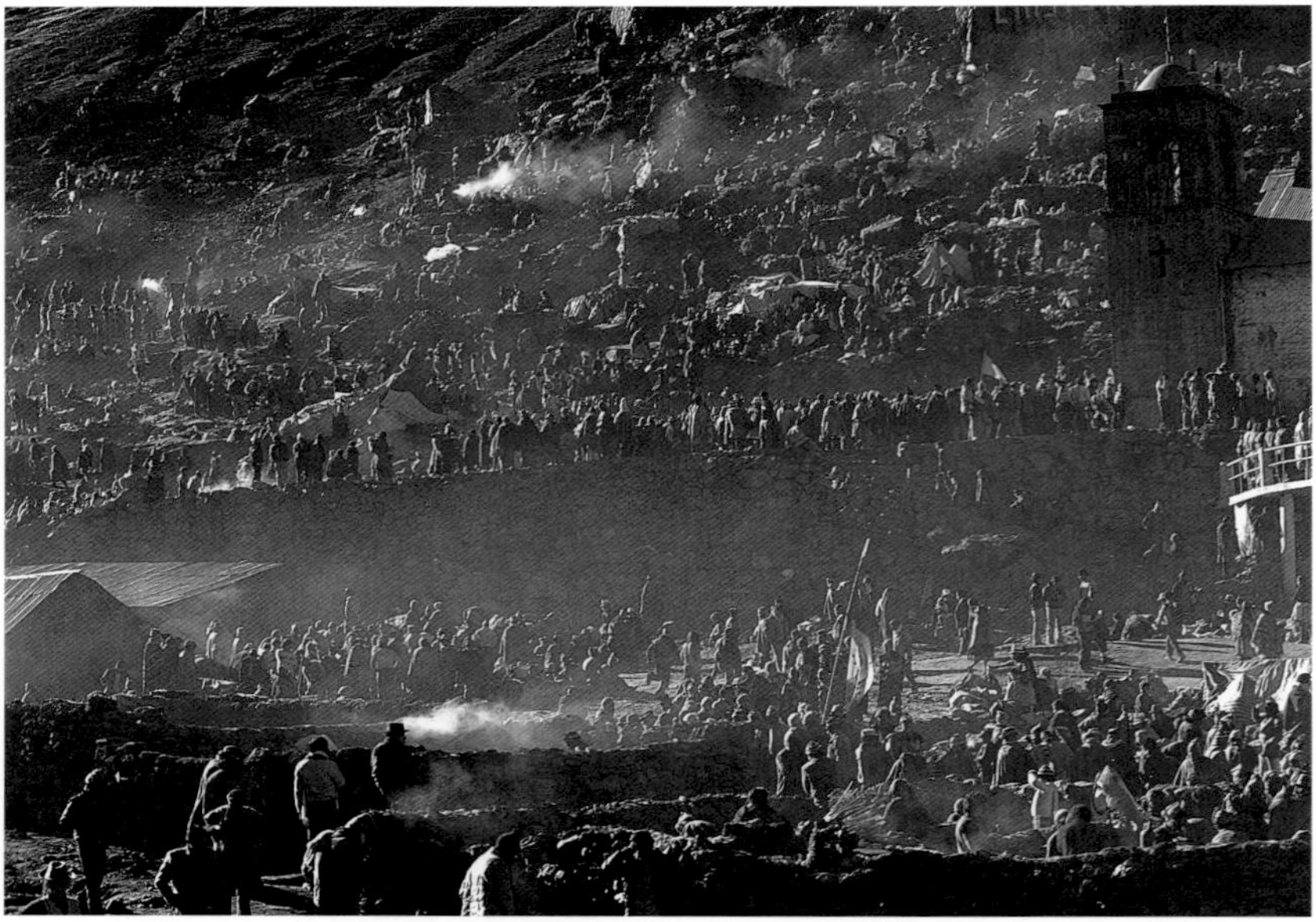

早朝のコイユリーテの礼拝堂周辺。野宿している巡礼者たちが薪を使って料理を始める。

人がおもちゃのトラックや家、石で囲んだ牧場をおもちゃのお金で買っている。それらを買うと将来、彼らの望みがかなうという。ままごと遊びのようで楽しそうだが、おふざけではない。真剣である。紙切れで紙幣を作るのだが、最近はおもちゃのドル札も出回っている。

集まった人々の住んでいる村々の礼拝堂に、彼らが崇めるコイユリーテ像（キリスト受難像）が、ガラス張りの箱に納められている。年に一度これを持って来て、コイユリーテの礼拝堂に数日間納めることによって、過去1年の罪が許され、人々の幸福、家畜の繁殖、農作物の豊作をかなえてくれると信じているのだ。

最終日の夜明け前、人々はシナハラ山の氷河に登って行った。2日前に担ぎあげた十字架を再び谷間の礼拝堂へ下ろすためである。1日のうちで最も寒い時間、ほんの少しのアルコールを胃袋に放り込む。

コイユリーテにやって来た巡礼者たちはまず礼拝堂に入り、ロウソクを灯して祈る。

ここは聖域だから泥酔《でいすい》は禁止されている。白い息を吐きながら黙々と登って行く。

心臓も凍るほどの寒風の中、十字架の前にロウソクを立て、祈りを捧げ、十字をきる。祈りを終えた人々は四方に散っていった。氷河を砕《くだ》き、その一片を背負って下界へ運ぶためである。氷塊を運び下ろすと、ここ1年間の罪を許されるという。それも氷が大きければ大きいほど神へ貢献したことになると考えられている。

氷の青みがかった白さのせいか、氷河の上の十字架にはより神聖さが濃く漂う。寒風をついて登って来た何千人かの祈りを受けとめた十字架が抜き取られた。人々に担ぎ上げられ、多くの人々に囲まれ、見守られながら重々しく氷河から下ろされて行く。その後ろには氷塊を背負った人々が続いた。尾根伝いに下り始めると、さっと陽光が差した。赤い旗と帯が逆光に映え、まばゆいばかりの美しさだ。反対側の谷はまだ暗い。氷塊を担ぎ、一列に並んで下り

巡礼祭の最終日の夜明け前、ウククたちは十字架を下ろすために氷河上に向かう。滑りやすい危険な個所があると、鞭をロープ代わりに結んで、安全を確保しあう。

氷河に立てた十字架を引き抜き、担ぎ下ろす。

て行く人々だけに日が差してまぶしい。小さな氷塊が一列に整然と並んでキラキラと輝いている。

礼拝堂から少し下りたところでは、氷河に登らなかった人々が、ごく少量湧いている泉の水を競って汲んでいる。アグア・デ・アンヘル（天使の泉）と人々が呼んでいる聖なる水だ。この水を飲んだり、この水で身を清めたりすることによって、この1年に犯した罪が許されると信じている。若い女たちが泉の水で髪を洗っている。三つ編みをほどき、肩のはるか下まで伸びている黒髪にていねいに櫛を入れている。妙に艶っぽい。解放的な気分になったのか、泉のたまり水に素足を投げだしている。幾重にも重ねた分厚い布地のスカートにはきれいな刺繍の縁取りがしてある。時々足を洗うためにスカートをひょいとたくし上げる。膝小僧が現れた。アンデスの急峻な斜面を歩き回って鍛えた足はすらりとして美しい。私の助兵衛根性を見抜いたのか、急に背を向けた。背中で笑っている。

毎年やって来るという巡礼者たちに「なぜ何日間も費やしてはるばるやって来るの？」と尋ねた。多くの者が「私はカトリックだから」と答えた。実際、集まって来る者たちのほとんどがカトリック信者である。ところがこの巡礼祭は、最初からカトリックの祝祭として始まったわけではなかった。

アンデスの先住民はもともと太陽、月、大地、山、

最終日の朝、巡礼者たちは氷のブロックを担いで一列になり、礼拝堂に向かう。

女たちは天使の泉の聖水で髪を洗う。

岩などの自然神を崇拝していた。そこへスペイン人が入って来てインカ帝国を滅亡させた。略奪の限りを尽くした彼らは宗教的にも支配しようとして、先住民にカトリックの教えを押し付けた。ところが先住民は強く抵抗し、武力をもって布教しても自然崇拝を捨てようとしない。武力では自然崇拝を先住民から奪えないと悟ったスペイン人は、あれこれと思案した。そして彼らは、先住民が受け入れそうな新たな伝説を作り出した。先住民たちが石、特に巨石を崇めていることに目を付け、現在、巡礼祭の会場となっているシナハラ山群の麓、コイユリーテにある巨石にまつわる、次のような伝説を作り出した。

マイタという牧童の子がいた。アルパカやリャマの家畜番が彼の毎日の仕事であった。家畜を追いかけている時、ボロ服を着た同じ年ごろの少年に出会った。マイタはいつもひとりぼっちで寂しい思いをしていたので、すぐにこの少年と仲良くなった。マヌエルという名のこの少年に弁当の肉とジャガイモを分けてあげた。腹ぺこのマヌエルは大喜びだった。

マイタはマヌエルのボロ服も新しいものに替えてあげたいと思い、ボロ服の布切れをもらって父親のところへ持って帰った。父親に事情を話し、この布切れと同じ布地を新しく織ってもらえないかと頼んだ。しかし布切れはシナハラ周辺では織れないものだったので、オコンガテの町に出かけて行った。オコンガテでも、それは見かけないものだったが、布切れを手に取って見た代理司祭は仰天して言った。

「この布は普通の人間が身に付けられるものではない。サントス（聖人）だけが身に付けられるものだ」

司祭のいるウルコスに知らせが走り、噂はクスコにも届いた。司祭や役人たちが、マヌエルを一目見たいと、マイタ父子の案内でシナハラの麓に向かった。マヌエルは大きな石の上に座っていた。しかしいつもとは様子が違っていた。その姿には後光が差

最後の巡礼地タヤンカニに行く途中の峠で、霊峰アウサンガテに向かって祈りを捧げる。

し、目がくらむほどであった。人々は恐る恐る近寄って行った。すると不思議なことが起こった。石の上のマヌエルが一瞬にして消えてしまったのだ。人人は走り寄った。石の上には木製の十字架だけが載っていた。

唯一の友が消えてしまったマイタは、あまりの悲しさにその場で、息絶えてしまった。そのなきがらは、マヌエルが消えた石のそばに大切に葬られた。気がつくと、マイタが番をしていた家畜は2倍に増えていた。それはマヌエルのマイタ父子の厚意に対するお礼だった。

この話を伝え聞いた周辺の人々は、その巨石を一度は見たいものと集まって来た。そのうちに噂は遠方にまで広がり、たくさんの巡礼者が訪れるようになった。スペイン人のたくらみは成功した。ここにキリスト信仰と自然崇拝は立派に合体したのである。

今もコイユリーテの礼拝堂には大きな石が祀られ、

徹夜で歩き通した夜明け。最後の巡礼地タヤンカニはもうすぐだ。

最後の峠で太陽が現れるのを待ち、祈る。

その石には見事なキリスト受難像が描かれている。こうしてコイユリーテの巡礼祭は始まった。この伝説は、コイユリーテにもう20年以上も巡礼を続けているという男から聞いた。アンデスの研究誌『アルパンチス』にも同じような話が載っている。

十字架が氷河から下ろされると、最後のミサが行われ、人々は帰途についた。大多数の者は最短コースを通って自動車道に出る。そこにはクスコ方面に向かうトラックが待っている。少数のより信心深い人たちは別の健脚コースを取り、勾配のきつい30キロの道のりを一昼夜かけて歩く。目的地はもう一つの聖地タヤンカニである。伝説によれば、マヌエル少年が石の上から消えた時、石の上に残されていた十字架はタヤンカニの木でできていたという。

途中、巡礼者たちはヤナカンチャという広い草原で仮眠を取った。日が暮れると1メートル先は暗闇である。午後11時、月が出た。月が出ると昼間のよ

初めての参加者は鞭打ちの洗礼を受ける。

うに明るい。立ち小便をするのも恥ずかしいくらいだ。地図も十分読める。再び、タヤンカニまで列をなして歩き始めた。危険な個所も人工的な明かりなしに歩ける。夜明け前、タヤンカニに近づいた。高台の見晴らしのよいところで重い荷を下ろした。ここで彼らの大切な自然神である太陽が昇るのを待つのだ。衣装を替える者もいた。夜明けの寒さは骨までしみる。あちこちでイチュ（高原を覆っているイネ科の雑草）を燃やして暖をとっている。

空が白み始めた。うずくまって寒さに耐えていた巡礼者たちは、太陽が昇る方向に向かって横一列に並んだ。その中央にコイユリーテ像がある。そして、コイユリーテ像の前に今年初めて巡礼に加わった者たちが集まって来た。名前が呼ばれると、１人ずつ地面に四つんばいになる。腰、尻をめがけて鞭が飛んだ。氷河から氷塊を背負って来るのと同じことで、鞭で打たれることによって過去の罪が許されるという。

巡礼者たちは聖地タヤンカニの近くに広がる
大草原で、最後の躍動的な踊りを捧げる。

踊り終えた巡礼者たちは、足踏みしながら皆の踊りの終わりを待つ。

なかなか太陽は顔を見せなかった。巡礼者はひざまずき、静かに待った。厚い雲の間から突然太陽が顔を出した。陽光が巡礼者の列にさーっと差した。厳かに演奏が始まった。巡礼者たちは十字をきり、手を合わせた。礼拝が終わると人々は立ち上がった。「過去の罪をお許し下さい。われに祝福を」真剣な面持ちでそう祈った人々も、立ち上がると表情ががらりと変わって明るくなった。

その場でステップを踏み、踊り始めた。鮮やかな衣装をまとった女の子たちに、やわらかい日差しが当たっていた。まぶしそうにしている顔には満足感と安堵感があった。ある者は陶酔した表情をしている。神の御意のままにと、すべてを託した表情だ。楽隊の奏でる音楽も明るく軽快になった。その響きに合わせて巡礼者の一団が移動を始めた。群れの端から順番に、1グループ20～30人が一列になって離れて行く。次から次へと群れから弾《はじ》き出た巡礼者たちは、ゴルフ場がいくつもできそうな、傾斜のある大草原を大きなジグザグを描きながら踊り、走り、下りて行く。標高は4000メートル以上、さすがの彼らも息を切らしている。草原の中央部では、別々の方向からジグザグに走って来た2グループが見事に交差する。

大草原の大舞踏会をフィルムに収めようと私も走り回った。こんなに規模が大きく、しかも整然とした舞踏会はもう決して見られないだろうと感激していた。大自然を最大限に利用した見事な演出である。誰かが演出しているわけではない。200余年をかけて自然に構成されてきたものだ。この大舞踏会がコイユリーテ、星と雪の巡礼祭のフィナーレである。

この巡礼祭に参加する人たちの中で、異端視されている一団がいる。彼らは、祭りの最終日の前日になってようやく姿を現す。野営する場所も皆から離れている。そこには彼らがワカ（守護神）と崇める巨石があり、その周辺に野営するのである。

最終日の昼すぎ、多くの巡礼者が帰途につく、それからが彼らの出番である。まず礼拝堂の前に立てられた大きな十字架に口づけをし、祈る。それから教会の前の広場で踊る。

「どうして皆が帰るころになって出掛けてくるの？」と尋ねると、「とてつもない数の人たちが集まって来るからね。われわれは、ほかの人たちがたくさん集まるところには、あまり行きたくないんだ」

その言葉どおり、彼らはよその人間とあまり交渉を持ちたがらない。よその者も彼らを閉鎖的な村と思い、いぶかしげに見る。文化的にもチュンチョ（アンデスの人々がアマゾンの先住民を呼ぶ時の蔑称）よりはましだが、アンデスでは最も遅れた人間と見ている。人々は彼らと彼らの住む土地をケロと呼んでいた。

すべての踊りが終わった。これから聖地タヤンカニでの祈りを終えて解散だ。

ケロへ

私がインカに興味を持ち始めたのは、30年以上も前に遡《さかのぼ》る。きっかけは１９７１年のアマゾン探検だった。日本から運び込んだゴムボートや、現地のカヌーを使ってアマゾン川を下り、その後上流域をはいずり回った。そのころの私は、南米といえばアマゾンだけに関心があった。それも人間、とくに外部社会と接触を持っていない先住民たちであった。アマゾン関係の本を片端から読みあさり、長期間アマゾンに滞在したり、取材に行ったことのある人を探しては、手当たり次第に会って話を聞いた。その当時はアンデスやそこに起こった文明については関心が薄かった。

太平洋岸から陸路でアマゾンに入るには、必ずアンデス山脈を越えなければならない。息も絶え絶えに、５０００メートル近い峠を何回も越えた。そこに希薄な空気の中で暮らす人たちがいた。石を積み上げて作った家はまるでインカ遺跡のようだった。インカ帝国の首府であったクスコには何度か滞在した。精緻な石積みの壁、要塞を見るたびに高度な文明に感心した。そうしてそこにかつて住んでいた人人や彼らの歴史にも興味を覚えるようになった。マチュピチュの遺跡もアマゾンへの途中に位置していたので、ふらりと立ち寄った。

様々な土地にある名所旧跡では写真やビデオの映像以上に感動することは少ない。しかし、マチュピチュは映像を越えていた。遺跡そのものも雄大で美しいが、さらに周囲の景観が遺跡の凄さを増幅する。要塞のように屹立《きつりつ》した周囲の岩峰が迫力満点なのだ。それらの岩山には樹木がへばりつくようにして茂っている。周囲の高い山に立つと、天然の要塞に守られるようにしてある遺跡を一望できる。とくに雨上がりや早朝のシーンが好きだ。霧で何も見えない状態から、少しずつ遺跡が姿を現す様は、神秘的で荘厳だ。行く度に違う顔を見せてくれる。何回行っても飽きない。遺跡の一つ一つに近寄ってみると、その美しさに感動するとともに、次から次へと疑問がわいてくる。誰が何のために、どのようにして、この遺跡を造り、人々はどのように暮らしていたのか。何故20世紀になるまでよそ者の目に触れることがなかったのか。今でも謎はそのままだ。

アンデス文明が築いた魔術かと思わせるような精巧な石造建築物や、さまざまな染織品、土器、装飾品を作り出した芸術的センスは並大抵のものではない。しかし、技術的にも芸術的にも優れた文明はほかにもある。インカが私を特に強く惹《ひ》きつけてやまないのは、それらの技術や芸術を、皇帝や貴族だけでなく一般庶民、つまり普通の人でさえも享受できたという点にある。

リマに素晴らしい天野博物館を残して、82年に亡くなった天野芳太郎氏が、展示品の1枚の見本織りを示しながら説明してくれたことがある。

「これには織り方も紋様も違う30数種類の見本が織り込まれています。自分で糸染めから始めて、衣装に縫い上げるには2～3年かかります。忙しい野良

パラカス半島にある地上絵。燭台を表していると言われている。

仕事をしている農民のおかみさんたちのところに、この見本織りが回ってくると、おかみさんたちは好みの柄を選んで注文するのです。ほかのどの古代文明社会に、農民やそのおかみさんたちがオーダーメードの素晴らしい織物を身につけられるところがあったでしょうか。旧大陸では墓を掘ってみると、王侯貴族の持ち物と庶民のものとでは雲泥の違いがある。社会の頂点を比べるならともかく底辺同士を比べたら、旧大陸で起こったどの文明もインカにかなうものはありません」

　完璧ではないにしても、身分の高い人も普通の人も同じように高度な文化を享受できる社会を作り出したインカ帝国。普通の人である私は、そこに魅せられた。インカには文字がなかったこともあって、謎や未知の部分が多いこと。砂漠、密林、高地といった複雑多様な自然環境の中で育まれたということも私を魅了する。

　私は1年あまりにわたるアマゾン行で、ペルー人から先住民と何回となく間違えられた。アマゾン源流のアシャニンカ集落に3カ月居候させてもらった帰りのことだ。プカルパという赤い土埃の舞う町に戻り、アシャニンカから贈られた弓矢と太鼓を持って素足で歩いていた。メスチーソ（スペイン人とインディオの混血）の男に、「あんたはナティボ（現地人）かね。何族だね？」と尋ねられた。自分の薄汚れたズボンにシャツ、ブヨなど虫に刺されたあとの生々しい手足を見ながら、思わずニヤリとして、「ナロ・アシャニンカ（私はアシャニンカだ）」と答えてしまった。

　それ以前も以後も、繰り返して先住民と間違えられていた。先住民への興味は膨《ふく》らむばかりだった。彼らの祖先、つまり人類最初のアメリカ大陸発見者は、どのようにしてベーリング海峡を渡り、南米にやって来たのだろうか。つまり太古の「グレートジャーニー」はどのようにしてなされたのか。そして、

アマゾン川の源流、ウルバンバ川の激しい流れによって削りとられた荒々しくも美しい景観の中央にマチュピチュがある。

アウサンガテ山は聖霊アプの長で、偉大なる
創造者でもある。ケロやその周辺の多くの
人々の家畜の守護神となる。

マチュピチュの上流は肥沃な農耕地帯で、ジャイアントコーンが栽培されている。そのほとんどが日本に輸出される。

チチカカ湖近くにあるシュユスタニの遺跡。

どのようにして世界史の中でも特異な存在であるアンデス文明を築いていったのか。さらに数々の特徴あるアンデス文明をまとめ上げ、花開かせたインカ帝国はどのように築き上げられ、滅んでいったのか。

71年以来、通えば通うほど疑問は増え続け、興味は広がっていった。とうとう30年以上の年月が経ち、30回以上もアンデス・アマゾンを訪れることになった。滞在期間も、通算12年近くになっていた。

73年からはアマゾン源流の未測量地帯・パンチャコーヤの密林をしつこくはいずり回った。ここに住む外部との接触を持たないマチゲンガと友人になり、同じ屋根の下、同じ鍋のイモを食べて生活を共にし、一緒に旅をし、この地に眠るといわれているインカ遺跡を探し歩いた。未知のインカ遺跡を探す一方で一つの思いが常に私のなかにあった。

インカ時代の普通の人たちは、どのような生活をしていたのだろうか。現在でも同じような暮らしぶりをしている人たちがいるのだろうか。そんな村が

オヤンタイタンボの太陽の神殿。インカ時代の重要な宗教センターだった。

あるならば、マチゲンガと生活したように、同じ屋根の下、同じものを食べて住んでみたいと思った。そしてそのチャンスをうかがっていたのである。

81年、私はパンチャコーヤで未知のインカ遺跡を調査した。それが終わり、インカの面影を今も残すパウカルタンボという古都に着いた。インカの領土は当時タワンチン・スーユ（四つの地方）と呼ばれていた。帝国を四つに区分して統治していたからだ。チンチャ・スーユ北西地域＝エクアドルとペルーの北部、中部。コンティ・スーユ南西地域＝ペルーの南部地域。アンティ・スーユ北東地域＝アンデス東部の山麓や森林地帯。コヤ・スーユ南東地域＝アイマラ族の高原地帯、チチカカ湖周辺、ボリビアの大部分、アルゼンチン・チリの北部。パウカルタンボはこのうちのアンティ・スーユの首都であった。ここから北へ直線距離で20〜30キロも行けば亜熱帯の密林地帯が広がっている。標高２８８０メートル、高地と密林地帯の中継地点である。そこで私は人々

マラスの塩田。塩分を多量に含んだ川の水を溜めて、およそ5000の塩田が作られている。ここで水分が蒸発し、塩の結晶が残る。乾期にそれを収穫する。

インカの首都クスコを守るために作られたサクサウァマン砦。

に尋ねて回った。

「アンデスあるいはペルーで、インカの伝統を未だに残している村はありますか？」

人々は口をそろえて答えた。

「インカの伝統を残している村を探しているのなら、ケロ村へ行くがいい」

ケロのほかにハプ、キクという村をあげる者もいたが、その中でもとりわけ伝統的な村はどこかと尋ねると、やはり「それならケロだろうね」と言う。私はアンデスのほかの土地でも同じ質問をして回った。ほとんどの人がすぐさま、「ケロ村だろうね」と答えた。そしてクスコの人類学者オスカル・ヌーニェス・デル・プラド博士も、「ケロだろうね。そのケロも伝統を守り切れるのはあと5年ぐらいだろうか。あそこも徐々に変わりつつあるからね」。

私は早速、パウカルタンボでケロ村を知っている人間を探した。宿の主人が探してくれたカルロスという36歳の男が案内してくれることになった。やせ

クスコ市内のインカ時代の壁。かみそりの刃一枚も入らないほど精緻な石組みだ。

ぎすで頬がこけ、どこかせかせかした感じのカルロスは、ケロについてあきれるように語った。

「あそこは到底人の住むところじゃないね。岩だらけで牧草さえも満足に生えていない。どうみても野ウサギぐらいしか住めないところだ」

アンデスの野ウサギは、標高4000メートル前後の岩だらけのところにいる。「いつも霧がかかっていて、寒さも厳しい。作物だって、自分たちが食べるだけのジャガイモとトウモロコシを細々と栽培しているだけだよ」と、まるで「地の果ての飢餓地帯にあんたは行こうとしているんだよ」とでも言いたげだった。

私はケロの村人たちの暮らしぶりが、インカ時代の農民、庶民の生活を思わせるものであることを念じ、期待した。タイムマシーンに乗って、数百年も前の時代に遡っていけるかのように胸をときめかした。さらに、カルロスの話を聞いているうちに、厳しい大自然の中でそれと正面から対峙し、身を粉に

夕暮れ時、湖越しに見たシュユスタニの遺跡。
建造物は有力者の墳墓と思われる。

して生きている人たちの暮らしぶりを見たくなった。そして、共に生活をしてみたいと思った。

81年8月、乾期の終わり頃、馬の準備が整うと、飢え死にしないように十分な食料を馬の背に積んで、パウカルタンボを出発した。初めは川沿いの広いなだらかな道だ。進むにしたがって道は険しくなる。人家も絶え、やがて木1本もなくなっていった。前方にすり鉢状の地形が広がって来る。かつて氷河に削られてできた死の世界のような光景だ。鉄分を含んでいるため岩肌は赤茶けた色に染まっている。到底、人間の住めるところではない。標高5000メートルのカヤンチャ峠を越えると、下方の深い谷から濃い霧が昇ってきた。その湿って冷たい霧の立ちこめる中に入って行く。そこに私の目指すケロがあるのである。

標高3300メートル前後のところにケロ村の中心ハトゥン・ケロ（大ケロ）がある。教会や学校があり、その周囲に石と藁で造った家が点在している。その家々から人なつっこい歓迎の顔が出てくるのを期待した。ところがまるでゴーストタウンのように、村は全くの静寂に包まれていた。一軒一軒訪ねてみると、どの家も木製の扉をぴったりと閉ざし、今まで見たこともない大きな木の錠がかけられていた。

やがて、なぜこの村が無人であるのかが分かった。ここは村の中心ではあるが、村人はほとんどの期間、4000メートル以上の高地に住んでいるのだ。ハトゥン・ケロは村祭りや共同作業など村全体の行事や、それを決める村全体の集会の時に利用する。私たちはここにテントを張った。ここを拠点にして高地に行くことにした。これからケロの人たちのどんな生活ぶりが見られるのかと心落ち着かなかった。

ケロ村の少女。かわいい声で笑っていたが、
今は子どももいる。

インカの末裔の村ケロ

天地の創造神ビラコチャはチチカカ湖に一対の男女を創造した。男はマンコ・カパック、女はママ・オクヨと呼ばれた。創造神の命令によって2人は夫婦となり、チチカカ湖を出発した。出発する時、マンコは創造神から黄金の杖を授けられ、「その杖が沈んだ場所に都を作り、人々を啓発し文明を教えよ」と言われた。2人はその杖で大地を確かめながら北方へ進んだ。クスコというところで、丘の上から杖を投げた。杖は沈んでいった。早速2人はこの地に都を作ることにした。ここがインカ帝国の首都となったのである。

この物語は、ガルシラーソ・デ・ラ・ベガによって伝えられたインカの起源神話である。ガルシラーソはインカの血筋で、スペイン人との混血の年代記作家であった。この話も母方の伯父にあたるインカの皇族から聞いたという。

もう一つ、ケロの起源神話がある。これは前述の

雪の降った標高 4660 メートルの峠に立ち尽す少年。ケロは一年を通してよく雪が降る。

インカ神話と密接に結び付いている。

太陽はまだ存在していなかった。地上にオンダ（インカ時代の武器で投石器）を投げるだけで、意のままに岩を動かしたり、山を平地にしたりすることぐらい朝飯前のニャウパと呼ばれる人々が住んでいた。月がニャウパたちの活動をかすかな光で照らしていた。

ある日、アプ（山の聖霊）は彼の権能を授けて欲しくはないかとニャウパに尋ねたが、「おれたちはもうとっくにそんなものは持っているよ」と高飛車な答えが返ってきた。それを聞いてアプは怒った。そして太陽を創造し、天に昇らせた。ニャウパはそのきらめきのため、盲目同然になってしまった。小さな隠れ家に入ったが、太陽の熱で徐々に日干しにされた。

大地は活動を停止してしまったので、アプは新しい生命を創造することにした。賢い男女インカリと

雨期が終わり、春になるといっせいに草が緑色になり、草のにおいが充満する。

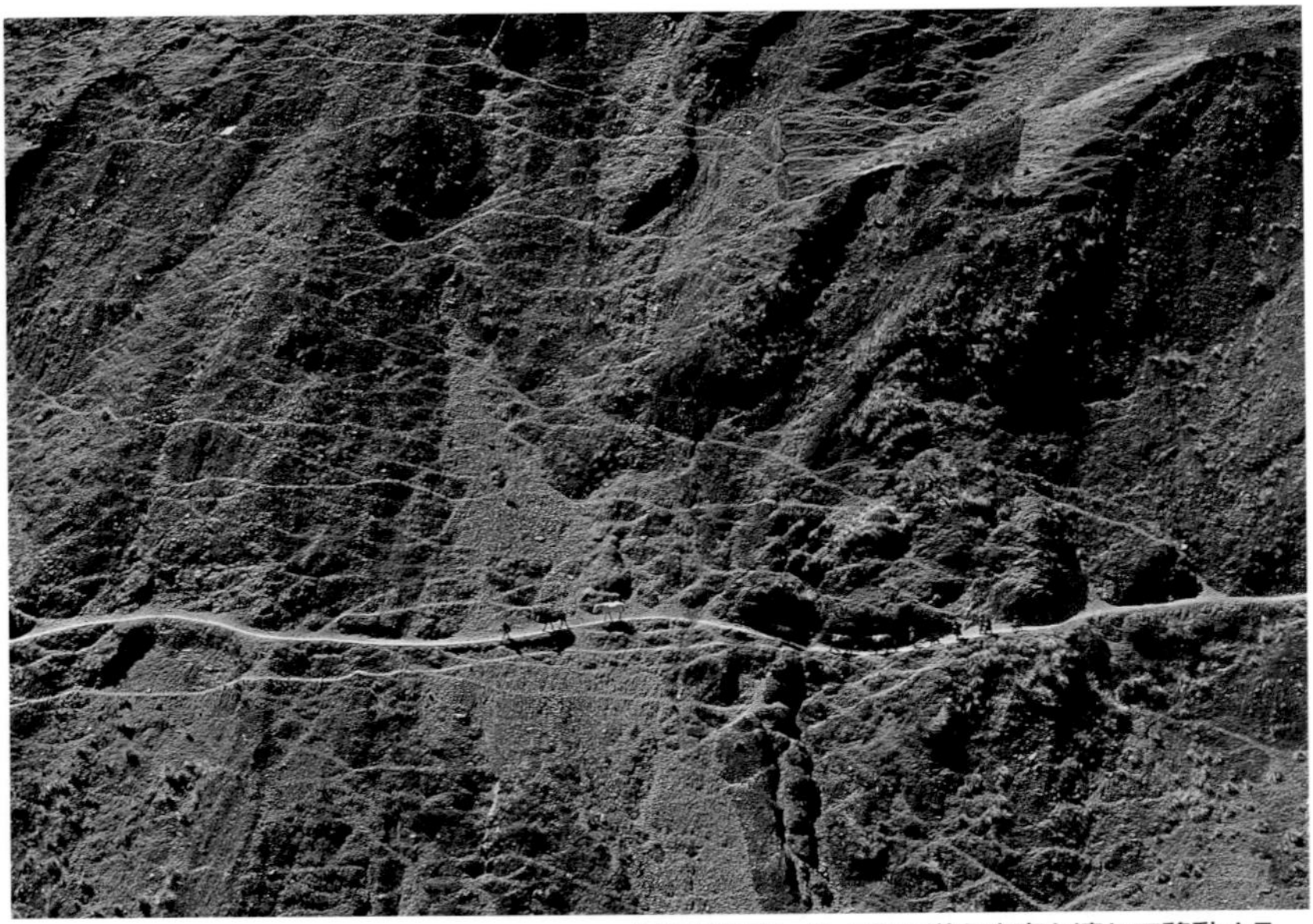

崖を削り取ったような道を家畜を連れて移動する。

コラーリを創造した。インカリには権力と労働の象徴として黄金の杖を、コラーリには糸巻きを与えた。そしてインカリに、「金の杖を投げて、真っすぐに立った場所に大きな村を建設せよ」と命じた。最初に試した時はうまく落ちなかった。二度目は、黒々とした山々と川岸の間に斜めに落ちたが、そこに村を造ることにした。「真っすぐに立った場所に」というアプの命令に背いて造ったその村が、ケロであった。

アプは怒った。インカリにその非を悟らせねばならぬと考えた。その時、インカリを嫉妬し、恨みを抱いていた者たちがいた。盲目同然となり、日干しにされたニャウパたちだ。アプは彼らに新たに生命を授けて、インカリを殺すよう命じた。ニャウパは坂の上から、働いているインカリの方へ大きな岩を転がした。インカリは震え上がり、恐れおののいて一目散にチチカカ湖へ逃げた。そして、その地域の静けさが彼に思索の時を与えた。インカリは再び金

ビスカッチャ。標高 4000 メートルの岩地に住む野ウサギ。

の杖を持って旅に出た。

　これ以降はガルシラーソが記したインカの起源神話とほぼ同じである。クスコを建設し、インカの礎を作った。

　登場人物のマンコ・カパックがインカリとなり、ママ・オクヨがコラーリになったという違いのほかに、創造神ビラコチャをケロの伝説では山の聖霊アプと呼んでいる。

　なぜ富士山よりも高く、寒い、酸素の薄いところにアンデスの人は住んでいるのだろうか。生活の本拠地を低地に置く、私たち日本人にはたいへん不思議に思われる。その答えは、彼らの飼っている家畜の生育のために高度を必要とすることにある。

　彼らはアルパカ、リャマ、羊を飼っているが、とくにアルパカにとっては4000メートル以上の高地が最適である。彼らの主作物であるジャガイモやトウモロコシは、種をまき肥料をやった後は放って

リャマの繁殖儀礼。チーチャを飲ませ、耳にしるしを縫いつけると、女たちがチーチャをまいて、囲いの外に出す。男たちは地面にひれ伏して、山の守護神アプにリャマの繁殖を祈る。

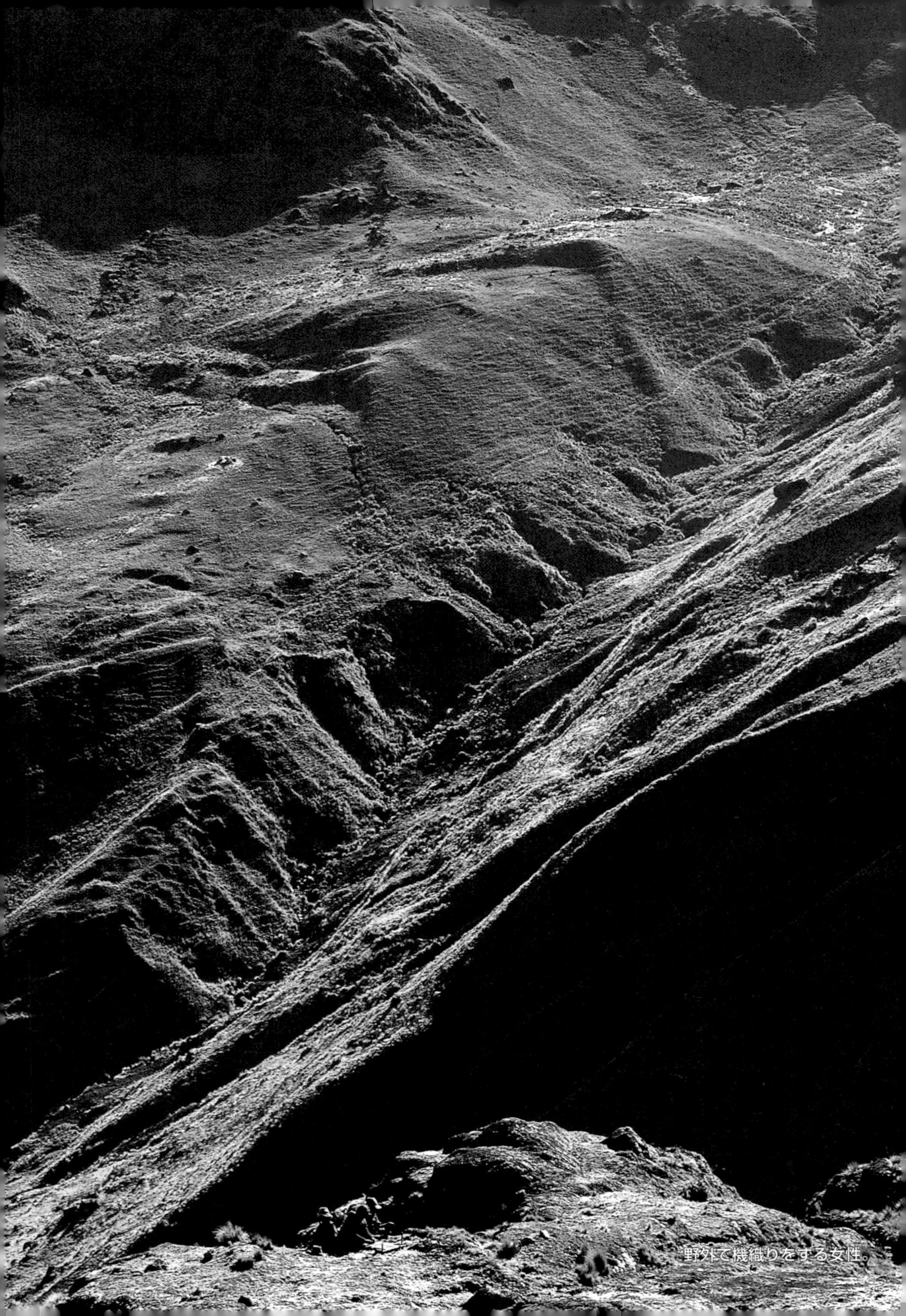

野外で機織りをする女性。

おいても育つ。ところが家畜は放っておくとピューマやキツネ、コンドルの餌食になってしまう。勝手に他の村に行ってしまうこともある。家畜泥棒も結構多い。それでケロの人たちは、家畜の世話のため、ほとんどの時期を4000メートル以上の高地で過ごすのである。

気候は、11～3月の雨期と5～9月の乾期にほぼ二分される。雨期は雨、雪、みぞれの空模様が多い。気温は乾期と比べて2～3度高く、植物が生育する。乾期といっても、午前中は日も差すが、午後は霧の毎日である。

ケロは105家族、約500人という大世帯の村である。ところが牧畜には広大な土地が必要なため、全世帯が一緒に住むことはできない。村は四つの地区に分かれていた。それぞれがケロ川の支流沿いにあり、コリパクチョ（35家族）、コチャモコ（40家族）、ヤワルカンチャ（15家族）、チョワチョワ（15家族）と呼ばれる。後にコリパクチョとコチャモコは二つに分かれ、六つの地区になった。これらの地区の住民が一つの共同体（コムニダ）ケロ村を作っているのである。

1年の大半をこの4000～4500メートルの高地で暮らすわけであるが、村の構成要素としてこのほかに、標高3300メートルにハトゥン・ケロ（大ケロ）、標高1500～2000メートルのジャングル地帯にはプスケロ（トウモロコシ畑のケロ）がある。ハトゥン・ケロは大集落で、全村民の持ち家があり、教会、学校、集会場などの共同施設が集まっている。トウモロコシと同じく彼らの主食であるジャガイモ畑もこの周囲に作られている。プスケロはトウモロコシ栽培のためだけの仮住まいである。通年でも2カ月ほどしか住むことはない。

このようにケロは、人口が、1500～4500メートルの激しい高度差の地形を必要に応じて、年に何度も移動している村なのである。

寄り添うようにして峠から村に向かう親子。

パドリーノ・セキノ

81年の最初のケロ村訪問の時には、村人たちの態度は冷たかった。そんな中で一つの家族だけが私に好意を寄せてくれた。コリパクチョに住む夫婦と子ども2人の家族だ。主人のラッサロ・アパサは40歳に近いのではないかと思ったが、「まだ30歳ぐらいだよ」と言う。いつも私のテントに、ジャガイモやトウモロコシを差し入れしてくれた。

しばらくすると、「私たちの子どもの髪を切ってくれないか。そうして私たちのコンパドレになってくれないか」と頼まれた。最初は意味がよく分からなかった。説明を求めると、「うちのカシミーロ(男の子)はもうすぐ2歳になる。生まれてからまだ一度も髪を切ったことがない。この地方では古くからの習慣で、1~2歳のころに初めて髪を切る儀式がある。その儀式には特定の人物をパドリーノ(代理父)に選ばなくてはならない。そのパドリーノになってくれないか」と言うのだ。

要は私と擬制の親族関係を結びたいということら

おじいちゃんのディオニシオがハサミを入れる。

おばあちゃんがハサミを入れ、親類の者が次々に髪を切っていく。

坊主頭になったカシミーロには帽子が被せられる。まだ母親に食事を食べさせてもらう年頃だ。

しい。親が死亡した時は、パドリーノがその子を支援しなければならないそうだが、私は喜んで承諾した。同じ村の有力者がパドリーノになることもあるが、できれば外部の人になってもらいたがる。外部の者と友好関係を結び、何かのときに支援が引き出せるからだ。

ケロの村人たちは牧民でもあり、農民でもある。外部社会と交流する必要もないし、またその機会も少ない。唯一の例外がこのウマ・ルトゥーチ（幼児の断髪儀礼）なのだ。この儀礼が終わると、パドリーノと子どもの両親はお互いにコンパドレ、コンマドレと呼び合い信頼関係が結ばれる。

ラッサロは儀式が始まる前に長男のファンに手伝わせて羊を殺し、解体した。羊を飼っている彼らもめったに殺して食べることはない。たとえ殺しても、家の中に吊るし、ほんの少しずつ食べていき、1頭殺せば5～6人家族でも1カ月はもつだろう。パウカルタンボの連中は、「彼らの肉の食べ方といったら、それはそれはみみっちくてけちくさいんだ。熱湯の中にほんのひとかけらの肉を入れ、煮えると肉を熱湯から取り出して、汁だけをすするのさ。その肉片を何度もまたそうして使うんだ」と言っていた。ラッサロの妹もやって来て料理を手伝った。羊の小さな肉片とジャガイモのスープができた。ゆがんだプラスチックの皿に盛られ、私の前に出された。年に数度しかないご馳走をほおばりながら、しばしの談笑。食事が終わるとコカの葉を噛み、アルコールを飲む。

羊皮の袋からコカの葉をひと握り取り出し、形の整った葉を3枚ほど選び出した。それを重ねて私に差し出した。ラッサロと夫人は、何枚か重ねたコカの葉を目の前にかかげ、息を吹きかけ何か口で唱えながら左右に小刻みに振った。山の聖霊アプに対して、息子カシミーロの健やかな成長を祈っているのだという。

コカの葉はアンデス・インディオの生活には欠か

ウマ・ルトゥーチ（幼児の断髪儀礼）はまず神々に献酒し、酒を飲みながら、コカの葉を噛んで、ゆっくりと進められる。

新しく生まれたヴィルヘーナの髪も私が切ることになった。

せない。疲労感や空腹感を麻痺させ、一時的にせよ幸福な心地に誘ってくれるコカは、インカ時代は皇族・貴族の独占物だったが、後には興奮剤として、また神への祈りの儀式や占いの道具として使われてきた。アルコールも小さなコップに注がれ、私のところにも回ってきた。砂糖キビを蒸留したラム酒だが、強さは90度を超える。酒を飲む時は、まず地面に1、2滴たらす。今度は地母神パチャママに対して祈っているのだという。

当のカシミーロは兄のファンに背負われ、自分のことが祝福されているとも知らずきょとんとしてその様子に見入っていた。床には鮮やかな色彩で織られたマントが敷かれていた。ファンの背からカシミーロを下ろし、マントの前に座らせようとすると、激しく拒絶し、泣き始めた。カシミーロにしてみれば、皆が神妙な顔をして自分を取り囲んでいるし、マントの上には錆ついたハサミが置いてあるので、「何をされるのだろう」と不安がるのも当然だ。父

髪の毛を切って帽子を被らされたヴィルヘーナ。

や母がなだめても泣き止まない。こういう時は飴玉があれば一番いいのだが、代用に砂糖をひと握り皿の上にのせてあげた。泣き声はぴたっと止んで、一心に砂糖をなめ始めた。

おとなしくなったところで、私は髪の毛にハサミを入れた。ところがラッサロの用意したハサミは錆ついているうえに刃と刃が合っていない。当然のごとく切れなかった。髪の毛は生まれてこのかた切っていないどころか、一度も洗ったことがない。まるで羊の毛のように玉になり、ごわごわしていた。生えているというより、ぶら下がっていると言ったほうがいい。もちろんカシミーロは再び泣き始めた。これでは我慢しろと言うほうが無理だ。砂糖なんかではごまかせない。

私は急いでテントに戻り、自分のハサミを持って来た。玉になった髪の毛はかえって切りやすかった。カシミーロはおとなしくなり、砂糖をなめていた。徐々に髪の毛がなくなってくると、ときどき自分の

母乳を飲み終わってご満悦のヴィルヘーナ。

長兄のファンに抱かれるヴィルヘーナ。

頭に手をやった。「あれっ、やけに頭がスースーしているけど、どうしたんだろう？」と思っているに違いない。

切った髪の毛は、用意しておいたお金と一緒にマントの上の皿に置いた。続いて両親が髪を少しずつ切って、同じようにしていった。カシミーロは頭がきれいになると、新しい帽子を被せてもらったが、何となく気になるらしくて、不思議そうな顔をして始終頭に手をやっていた。儀式が終わると、私はコンパドレ＝ラッサロ、コンマドレ＝ラッサロ夫人と軽い抱擁をし、信頼関係が永く続くことを祈った。


81年に髪の毛を切ったのはラッサロの息子だけだったし、翌年もマルチン・パウカルの子だけだった。ところが83年3回目の訪問時には、なんと30人近くもの幼児の断髪をすることになった。その手始めは、やはりラッサロの新しい赤ん坊だった。ヴィルヘーナというまだ7カ月のふっくらとした頬と体をした女の子だった。

断髪式の朝、母親がヴィルヘーナの体をぬるま湯で丹念に洗った。アンデスの赤ん坊のくるみ方には特徴がある。両手を脇にぴたりとつけ何枚もの布でていねいに巻いていく。出ているのは顔だけになり、最後に太い帯でぐるぐる巻きにする。まるで丸太棒のようになってしまう。これは赤ん坊の体から魂が遊離しないようにするためと言われている。彼らは、病気の原因は体から魂が離れて行くからだと思っているのだ。とくに赤ん坊の魂は遊離しやすいと思っている。

カシミーロのときの断髪式に立ち会ったのは、両親と兄のファンだけであったが今回は叔父や叔母、祖父母も集まってきて家の外で行われた。儀式のためにチーチャ（トウモロコシから作った濁り酒）が用意されていた。

チーチャの作り方はこんなふうだ。家の中の地面に敷いた藁の上に、トウモロコシの種を一面にまく。

滞在3年目からは次から次へと髪切りを頼まれた。

ウマ・ルトゥーチが終わると、羊を一頭殺して、祝宴を開く。

チューニョで戯れるカシミーロとヴィルヘーナ。

またその上を藁で覆い、布をかぶせてその上で寝る。10日以上経ってからかぶせておいた布と藁を取ってみると、見事に発芽してもやしになっている。

このもやしを上面が平らな岩盤の上に置き、楕円形の漬物石のようなもので挽《ひ》く。湯を沸かして、チーチャ作り用の大きなカメに満たす。そのカメに十分に挽かれたもやしを入れる。こうして2日も放置しておけばアルコール度は低いが少々酸味のあるチーチャができるのだった。

草原の上で親類の者たちが車座になり、この酒を飲み始めた。器はケロと呼ばれ、木製でインカ時代から使われてきたものだ。ラッサロ夫人が家の中へ戻っては、甲斐甲斐しくチーチャを酌んできて、皆についで回った。チーチャを飲む合間に例によってコカの葉を噛んだ。

ラッサロには4人の妹がいるが、皆夫を連れて来ていた。久しぶりに父母を囲んで、にこやかに談笑していた。そうしてヴィルヘーナの髪にハサミを入

糸紡ぎをする母親とヴィルヘーナ。

れた。髪を切る子の将来を語り、世間話をしながら酒を飲む。ゆっくりと時間をかけて髪の毛を切っていく、それがこの儀式の本来の姿だという。

ヴィルヘーナを温かいまなざしで見守っていた祖母コンセプションに、「何か孫娘に希望すること、期待することはありますか?」と尋ねてみた。

「この子が大きくなって糸紡ぎ、機織りが上手になってくれたらいいなと思っています。それから女の子だからアルパカやリャマ、羊の番をしてくれなくてはいけない。将来、この子がたくさんの家畜を持てるように願ってやみませんよ」

「クスコとかほかの場所に行ってしまってもいいの?」

「それは困るよ。ぜひ生涯をここで全うしてほしいね。でもスペイン語の読み書きを覚えて、ケロの先生になってほしいとも思うんだよ。なんだったらあんたが連れていってくれないかね。それより、なによりも元気に大きくなってほしいね」。

コカの葉を噛むヴィルヘーナの祖母のコンセプション。

母親フェリパと成長したヴィルヘーナ。

この83年には私はヴィルヘーナを手始めに30人以上の幼児のパドリーノとなったわけだが、これは私が村人に信用されていく過程でもあった。81年、82年そして83年の最初の1カ月ほどは、彼らのくつろいだ表情をフィルムに収めることは至難の業であった。下手をすると怒鳴られ、石をぶつけられる。とくに女性は写真を撮られることを極端に嫌った。カメラが彼らの魂あるいは脂肪を抜き取ってしまうと信じられているからだ。

ところが、パドリーノになった瞬間から、彼らの態度が一変した。とくに女性の変化は著しい。それまでは、カメラを向けると、背を向けたり、逃げたり、怒鳴っていた。その同一人物がニコニコしてまるで別人のようになった。道で出会うとコソコソと隠れたり、プイと知らん顔をしていた者が向こうから挨拶をしてきた。

赤ん坊の髪の毛を切ると、その両親だけでなく祖父母も私とコンパドレ、コンマドレと呼び合う。50人以上のパドリーノになったので、ケロの全世帯105家族のうち、半分以上が私のコンパドレ、コンマドレになってしまった。

ヴィルヘーナのその後

7年後、8歳になったヴィルヘーナは密林を切り開いたトウモロコシ畑から、収穫物をリャマの背に積み、標高4000メートルのウィルカクンカにある家に戻るところだ。リャマだけでは積み足らず、彼女も風呂敷に包んだトウモロコシを担がされている。標高差2200メートルを一日で歩かなければならない。

「学校には行っていないの？」と尋ねると、「アルパカ、羊の世話があるから行けないの」欠けた歯をのぞかせながら、恥ずかしそうに答えた。ケロ村では小さな子どもたちも大切な労働力だ。

「パウカルタンボから派遣される教師は、2～3週間授業をしては、休暇だ、ストだといって、1～2

学校に行かず親の手伝いをするヴィルヘーナ。
はにかみやだが、素直な子に育った。

コカの葉の入った皮袋を手にする祖父のディオニシオ。

カ月休むんだ。いつまでたっても何も覚えやしない。A、E、I、O、U（日本語でいうアイウエオ）の繰り返しだ。子どもを行かせる気にならないよ」

義父のマルチン・マチャカが横から口をはさんだ。マルチンの先妻は5年前に、お産のときに死んだ。2人の娘と1人息子がいる。今年になって、ヴィルヘーナの母親フェリパと一緒に住むようになった。

フェリパは2年前に夫ラッサロ・アパサを後述の事故で亡くしている。フェリパには3人の息子がいるが、ヴィルヘーナだけを連れて、マルチンの家に移り住んだ。

「長男のファンはいい子なのに、女房の尻に敷かれてうまく操縦されているの。私の言うことなんか全く聞いてくれないわ」

フェリパは60頭の羊を飼っていた。その羊をマルチンの所に嫁ぐときに持ってこようとしたが、1年前に嫁いできたばかりのファンの嫁がクレームをつけてきた。未だに連れて来れないでいる。

フェリパはオコンガテ近郊で生まれた。ケロ村ではケロ以外で生まれた唯一の女だ。幼い頃、ケロ村の隣のキク村で一番家畜をもっている夫婦にもらわれた。年頃になると、養父は同じ村のやはり家畜をたくさん持っている男と結婚させようとした。ところが彼女はケロ村から遊びに来た先夫のラッサロ・アパサと恋仲になり、養父の反対を押し切ってケロ村に嫁いだ。

「養父は怒って家畜を一頭もくれなかったわ」

先夫が事故で死んだときは途方に暮れた。小さい子を抱え、彼女には親も兄弟もいないからだ。そんなときに、妻に先立たれて困っていたマルチンから求婚されたのだ。

「マルチンの娘たちもなついてくれたわ。あとは長男夫婦と仲良く暮らせたらいいんだけどね」

フェリパの小さな願いだ。

手馴れた扱いで馬を世話する少年。６～７歳になれば馬の世話、乗馬ができるようになる。

ケロの少年イラリオとサントス

小さな家畜番

ケロの四つの地区のうち最も多く家畜を飼っているのがチョワチョワである。私はここに長く滞在し、とくに82年のアルカルデ（村の5人の長の1人）であるアンドレス・フローレスの一家に世話になった。アルカルデに選ばれただけに人格者であるが、その面構えにもインカの貴族を彷彿させるほどに品がある。体全体で感情を表現する。うれしいことがあると、満面に笑みを浮かべ、帽子を思い切り地面に叩きつけ、そして地面に接吻をした。悲しい時、真剣な時は一転してきりりとした顔付きになる。

アンドレスには3人の妹がいた。そのうちの1人が若くして死に、後を追うようにして彼女の夫も死んだ。夫婦の間には3人の男の子がいた。次男のイラリオはアンドレスが引き取り、長男エドワルドと三男のサントスは祖父母のロサス夫妻が引き取った。若死にする者が多いため、残された孤児はたいてい

アンドレスが育てているイラリオは、亡き妹から引き取った。

アルパカを追うイラリオ。アルパカ、リャマ、羊を高地の放牧地に連れていき、注意深く外敵から守るのが役目だ。

祖父か叔父、叔母が引き取ることになる。

養子にする場合、問題になるのは土地や家畜の相続である。養子のイラリオのほかに一男二女のいるアンドレスに聞いてみた。

「あんたが死んだら土地や家畜はどう分けるの？」

「ケロでは男の子だけに財産を分け与えることになっている。養子と実子の区別はない。私が死んだら、養子のイラリオも実子のエウセリオも平等に土地と家畜をもらえることになるだろう」

日常生活においても、実子も養子も変わりなく扱われる。そのため私ははじめのうち、イラリオはアンドレスの実子であると思って疑わなかった。ここでは子どもはごく幼いうちから大切な労働力である。5〜6歳になればもう立派な働き手で、とくにリャマ、アルパカ、羊の番は重要な仕事になっている。8歳のイラリオと6歳のサントスは交代でアルパカ、羊の番をする。彼らの養父である叔父と祖父の家畜は共有になっている。


家畜番をしない時も遊んでいられない。畑仕事の手伝い、水汲み、燃料集め、火おこしと仕事はいくらでもある。昼間は休む間もないほどだ。子どもたちは実にてきぱきと仕事をして、その働きぶりは目をみはるばかりだ。しかしよく観察してみると大人の目を盗んでうまいことサボっている。

私はイラリオの家畜番について行った。朝7時前、山の頂上から陽光が当たり始める。徐々に山腹から谷底にあるチョワチョワの家々にも日が当たるようになる。それまではアルパカもリャマも膝を曲げて休んでいる。休んでいても首だけはすらりと伸ばしている。日が当たると、ようやくもぞもぞと起き上がる。そのころ朝食を終えた子どもや女たちが外に出て近づいてくると、家畜は察したように山頂に向かって移動を始める。

イラリオはお弁当のカンチャ（トウモロコシを炒ったもの）をたくさん風呂敷に包み、背負っていた。いつも鼻水を垂らしズルズルいっている。時々手の

ケロ村の有力者であるアンドレス・フローレス。有力者といっても物質的特権があるわけではない。

生まれたばかりの羊を運んできたイラリオ。

アルパカの毛刈りを手伝うサントス。

大空高く飛翔するコンドルになりたいというサントス。

甲で鼻の下を拭きとる。そしてそれを着ているポンチョでぬぐう。手にはリャマの毛を撚《ひね》った荒縄を持っているが、使うことはめったにない。どこに餌があるかは家畜自身が知っているから、イラリオは後ろからただついて行くだけでよい。群れからはぐれるものがいると、その時だけ荒縄を振って追いかけたり、石を投げたりする。

標高4200メートル以上のところはプナと呼ばれている。ここでは耐寒性の強いジャガイモでさえ育たない。もっぱら家畜の放牧に利用される。湿地や水溜りがあちこちにある。イチュというイネ科の雑草やコケ類が生えている。山頂付近の湿原に着くと家畜たちは勝手に散らばり、草を食む。

イラリオと一緒に家畜番をしている時、みぞれが降ってきたことがあった。風も吹いていた。イラリオは風除けのために石を積み上げて半円形のブロックを作っている。2人でそこに移動した。風は完全に避けられるわけではない。風向きが変わると困る。

兄弟２人で留守番。２人で料理して食事をした。

みぞれはポンチョを被っていても冷たい。気温も低い。雨具といったら厚手のポンチョだけである。それにくるまっている以外手がない。冷たい湿気は肌までじわじわと浸透してくる。それでも家畜と一緒に夕方までじっと我慢していなければならない。

「一番うれしいときはどんな時なの」と尋ねると、「家畜に赤ちゃんが生まれた時だよ」と答えた。

以前イラリオが、他の家畜に踏まれないように、アルパカの赤ちゃんを抱き上げて家に持ち帰ったことがある。その時の彼は満面に笑みを浮かべて本当にうれしそうだった。

雨期になると謝肉祭があり、村ぐるみで盛大に祝う。彼らはカトリックの祝祭日に合わせて自分たちの伝統的な行事を行う。謝肉祭の時は「アルパカが元気でいて、数が増えるように」とアプ（山の神で家畜の守護神）とパチャママ（地母神）に献酒し、供物を捧げて祈る。

この時期にアルパカの毛刈りをする。毛皮商人が

新しくジャガイモ畑を開墾するアンドレスのファミリー。

アルパカの毛の買い付けに、頻繁にケロへやって来る。毛刈り用の囲い場にアルパカを追い込み、商人たちの要求に応じて必要な頭数の毛を刈る。2歳ぐらいのアルパカで約1.5～2キロ、成熟したもので4～5キロ刈れる。

アルパカの毛は珍重され市場での値は高い。とはいっても生産地での値は安い。白い毛はキロ当たり5000ソーレス（約500円）。色ものでは1000ソーレスにしかならない。1年間丹精こめて育てた毛の値にしては安すぎる。ロサス、アンドレス父子で40頭のアルパカを飼っているが、毛を売った収入は年間で約20万～30万ソーレス（約2万～3万円）だという。

農作物はすべて自給用なので、彼らにとってはこれが唯一の現金収入ということになる。しかし、この値が不当なのかどうか、彼らには見当もつかないことなのだ。一方、毛皮商人はアルパカの毛を馬の背に乗せてほくほく顔で帰っていった。

アンデス少年の夢

イラリオの弟サントスは、3人兄弟の末っ子だ。いつも自分と同じくらいの大きさの犬を連れてアルパカの番をしている。

彼は祖父母と年下の従姉妹とよく一緒にいる。彼女らとは兄妹のように暮らしている。彼女たちと遊んでいるとき、私のザックの奥に飴玉があるのを見つけた。子どもたちの大好物だ。一つしかなかったので迷った。小さい女の子が1人になったとき、こっそりと彼女に飴玉をあげた。欠けた歯をニュッとむきだして嬉しさこの上ないといった顔をした。

日本の子どもに飴玉をあげても、逆にバカにされるだけかもしれないが、彼女にとっては1年に一度口にすることができるかどうかもわからない最高の宝物だ。私は1人でこっそりなめてしまうだろうと思っていた。ところが、叫びながらサントスや姉たちのところに飛んで行った。その小さな飴をサント

ジャガイモの収穫期は忙しい。子どもたちも手伝う。ここでは子どもも重要な労働力だ。

畑は６区画に分けて、６年に一度順番に作物を植える。

仲のよいカシミーロとヴィルヘーナ兄妹。

スに割ってもらい、4人で分け、4人とも満面に笑みを浮かべ、小さくなってしまった飴をなめていた。私はほっとした。

アルパカの番をしているとき、サントスに尋ねた。

「大人になったら何になりたい」

サントスはもじもじしながら遠くを見ていた。やや間をおいて、遠くを見たまま、小さな声で、「コンドル」と答えた。

「コンドルってあの死肉を食う鳥のこと」と聞き返すと、サントスは視線をこちらに向け、不満そうな顔をした。それから、小さな人さし指を思い切り高くかかげ、空を見上げながら、

「空を飛ぶコンドルだよ」と語気を強めた。

兄のイラリオは小学校に通い始めたばかりだった。彼はさんざん照れた末、「トラックの運転手」と答えた。

「車はどうやって運転するの」と尋ねると、両手を握り、胸の前で二の腕を平行に並べ、回転させた。

男は子どもの頃から頭に自分たちで作ったチューユというカラフルな帽子を被る。

イラリオの村からトラックの通れる道路まで歩いて2日かかる。イラリオは車を見たこともない。村の若者で町に出て、トラックの助手をしている者がいる。その青年の話を聞いていて、イラリオも大きくなったら運転手になりたいと思ったのだ。

2人だけの留守番

祖父と養父が隣の村に泊りがけで出かけて行った。イラリオとサントスの2人だけで留守番することになっていた。私も彼らと付き合うことになった。

日が落ちると家畜たちは家路を急ぐ。すべての家畜がまっすぐ帰ってくれれば世話はないのだが、草を食みながら移動するものも多い。わき道にそれるものもいる。家畜番のイラリオとサントスは石を投げて、家畜を誘導する。しかし、彼らも時々じゃれあって遊んだり、途中でしゃがみこんだり、適当にサボりながら家畜を追う。

一番の心配は、家畜がどこかに行ってしまわない

オンダ（投石器）を振り回してアルパカを追うイラリオ。養父と祖父のアルパカが一緒になっている。

か、ピューマ、狐、コンドルが家畜を襲って食べてしまわないか、ということだ。1頭でも不足すると養父に叱られる。とくに祖父は厳しくて、荒縄で何回も叩かれる。

方形の家の中は8畳間くらいの広さで、入り口は屈《かが》まなければ入れないほど狭く、窓もない。昼間でも暗く、寒さを防ぐのを重点に作られている。部屋の隅に祖父のベッドがあるが、孫たち2人は土間に寝る。

イラリオは私に「ベッドが空いているから寝なよ」と勧めたが、私も彼らと一緒に土間に寝ることにした。ベッドの反対側の隅にかまどがある。彼らはその近くに寝る。標高は4300メートル、明け方は氷点下10度近くまで気温が下がるのだ。かまどの近くにいれば少しでも暖かい。

寝る前に夕食を作ることにした。彼らはジャガイモを茹《ゆ》でるという。私は村人から譲ってもらったアルパカ肉を切り、ジャガイモを入れたスープを作ることにした。サントスが燃料を取りに外に出た。燃料はアルパカ、リャマ、羊の糞《ふん》を乾燥させたものだ。高地には木がないので燃料の糞は貴重だ。低地から担ぎ上げた、枯れて乾燥した灌木《かんぼく》を使うこともあるが、糞のほうが火力が強い。

火吹きの筒でフーフーと空気を送れば、青い炎を出して燃える。寒かったので私は勢いよく燃え上がるように思い切り空気を送っていた。ここでは酸素

文英堂 一般書籍 出版案内

2003年 7月

株式会社 **文英堂**
京都市南区上鳥羽大物町28 〒600-8691 ☎(075)671-3161 FAX(075)671-3165
東京都新宿区岩戸町17 〒162-0832 ☎(03)3269-4231 FAX(03)3269-4239
URL http://www.bun-eido.co.jp

これで解ける歴史の謎！読めば歴史観が変わる！

日本の歴史を解く100話

吉村武彦 吉田伸之 池 享 原田敬一 共著

弥生人はなぜ戦いに明け暮れたか／戦国大名はどのように戦ったか／兄は武士に弟は百姓に／民衆が明治維新に期待したもの……

A5 416頁 2700円

再評価される歴史群像の虚像と実像

日本の歴史を解く100人

吉村武彦 吉田伸之 池 享 原田敬一 共著

卑弥呼／聖徳太子／天武天皇／行基／蓮如／豊臣秀吉／三井高平／明治天皇／平塚らいてう／柳田国男……

A5 416頁 2700円

〈古代の三都を歩くシリーズ〉上田正昭監修

平城京の風景

千田稔 著

奈良時代の奈良、平城京の都づくり。東大寺、興福寺、春日大社などの古社寺をめぐり、天平文化の実態に迫る。

A5 256頁 2000円

難波《なにわ》京の風景

小笠原好彦著

古墳時代・飛鳥時代・奈良時代の大阪の歴史を再現し、四天王寺・住吉大社・難波宮をはじめとする古代史跡をめぐり、大阪のルーツを探る。

A5 256頁 2000円

平安京の風景

井上満郎著

平安時代の京都、平安京での人々の暮らし、社会・文化を再現。現在の京都と対応させて雅びを想う。

A5 256頁 2000円

田辺聖子＋桑原仙溪

源氏・拾花春秋

田辺聖子 桑原仙溪 著

「田辺源氏」のエッセンスを書き下ろし。挿画・桑原仙溪で綴る「遊び心」あふれる古典入門書。

全国図書館協会選定図書

B5 160頁 2800円

ヒマラヤの星降る村の物語
氷の回廊

NHKスペシャルで好評を博した「氷の回廊」の書籍化。心温まるフォトエッセイ。
全国図書館協会選定図書

庄司康治 著
A5 224頁 1800円

蓮華の国のチベットから
バター茶をどうぞ

鳥葬の地の人・文化・歴史をあますところなく紹介したフォトエッセイ。日本人が忘れていた"こころ"を残すチベットの魅力を語る。

渡辺一枝
クンサン・ハモ 著
A5 256頁 2000円

インド・ノート

インドの[旅=写真]と、日本での[日常=文章]が大胆な構図の中で交差する青春の軌跡。フォト・ストーリーの傑作！

小林キユウ著
A5 224頁 1600円

かわりゆくインドシナから
メコン川物語

メコン川流域は急速に進む開発で大きく変わろうとしている。失われつつある原風景を、みずみずしいカメラアイでとらえたフォトエッセー。

川口敏彦 著
A5 256頁 1800円

アンデス・ケロ村物語
インカの末裔と暮らす

「グレートジャーニー」の探検家関野吉晴の原点となったインカの末裔との暮らし。アンデス高地の村人の生活を蘇らせたフォトエッセー。

関野吉晴 著
A5 256頁 1800円

祇園祭山鉾町に暮らして
京町家の春夏秋冬

祇園祭の舞台裏や町家再生への思いが伝わってくる生活感あふれる随筆集。京町家の原点からのメッセージ。

小島富佐江 著
A5 248頁 1800円

水野克比古の「写京」人生
京都・こだわりの散歩道

本物の京都を、本物の案内人が紹介。「京都」にカメラ人生をかけた著者による、最新・最高の"水野本"。カメラファンも必読。

水野克比古 著
A5 224頁 2000円

変革を仕掛けた魔妖

天狗よ！

天狗がまきおこす奇想天外の歴史読物。変革の現代、心がいやされ、勇気がわく！ 円熟の売れっ子歴史作家による本邦初の痛快天狗通史！

百瀬明治 著

A5 288頁 1800円

高天原から平安京へ

神々と天皇の宮都をたどる

知られざる神々と天皇の宮のタブーに挑む。高天原の神話時代・卑弥呼・崇神・倭の五王・飛鳥・奈良・平安など全64宮都の探訪図を掲載。

高城修三 著 水野正好 特別寄稿

A5 272頁 1800円

憶えておきたい日本の歌

百歌繚乱

『古事記』から昭和天皇の宮中歌会始に至る名歌一〇〇首。芥川賞作家が選ぶ日本人の心をゆさぶる歌心。いま平成の時代に蘇る。

高城修三 著

A5 224頁 1600円

鎮守の森探訪ガイド

身近な森の歩き方

社叢学会企画・編集によるわが国初の全国的な森を知るためのマニュアル本。森の歴史、森に囲まれた神社、森に見られる動植物、森の環境を知る。

上田正昭 監修

A5 248頁 1480円

〈歴史ドラマランド〉

画壇統一に賭ける夢

—戦国武将を取り巻く絵師たちの野心—

〜雪舟から永徳へ〜

戦国動乱期—その時、絵師たちはどう動いたか。雪舟・等伯のスパイ活動、永徳・等伯の画壇制覇をかけた壮絶な争いを再現した歴史読物。

今谷明 宮島新一 共著

A5 256頁 1800円

〈歴史ドラマランド〉

運慶の挑戦

—中世の幕開けを演出した天才仏師—

産経新聞「歴史ドラマランド」待望の書籍化！ 対論・評伝・古寺ルポから天才仏師の謎を解く。

上横手雅敬 松島健 根立研介 共著

A5 224頁 1800円

激動の時代を駆けぬけた群像たち

幕末維新／奔流の時代

竜馬は薩摩のエージェント？ 近代の創生をめざし、時代が奔流のように走りはじめる。群像たちがくりひろげる幕末維新ものがたり。

青山忠正 著

A5 240頁 1800円

全国図書館協会選定図書

卑弥呼は大和に眠るか

東アジアと邪馬台国・邪馬台国の場所・卑弥呼の鏡・卑弥呼の館と祭り・卑弥呼の衣服・卑弥呼の食事とトイレ・卑弥呼の墓を探る最新事情。

大庭脩　編著

A5　320頁　1900円

飛鳥・藤原京の謎を掘る

新聞記者と研究者が探る古代宮都の謎。亀形石造物・富本銭・苑池の発見など最新資料を満載。

千田稔　金子裕之　共編著

A5　352頁　2000円

秀吉の野望と誤算

―文禄慶長の役と関ケ原合戦―

天下分け目の関ケ原の戦いはなぜおこったのか。秀吉の朝鮮侵略の野望と渡海諸大名の仲たがいをめぐる壮大な歴史ドラマを再現する。

笠谷和比古　黒田慶一　共著

A5　288頁　1800円

国境を越えると本当の歴史がわかる

世界史から見た日本の歴史38話

教科書だけでは分からない世界と日本をつなぐ意外史。ボーダレス時代に驚くべき古代から現代に至る日本史の新事実が次々と明らかになっていく。

歴史教育者協議会　編

A5　304頁　1900円

平安京の闇を支配したスーパー陰陽師の実像

安倍晴明／占いの秘密

晴明は、飛鳥時代に蘇我氏がつくった五芒星による呪符を体得し、大陰陽師となった。神秘学者による晴明の占術の謎を探る歴史読物。

渡辺豊和　著

A5　304頁　1900円

全ての表示価格は本体価格です。消費税が別に加算されます。

アンデスでは子どもたちが年の順に面倒をみて、自分たちの世界を作る。

アンドレス・フローレスの末っ子フーリオ。

3 歳近くなっても母乳を飲むファナチャ。

フクーナという筒で火に空気を送り込む。

は平地の3分の2しかないので燃えにくいのだ。ところがサントスにたしなめられた。「そんなに強く燃やしたら、じいちゃんに怒られるよ。糞は畑の肥料にも使うので大切にしなきゃいけないんだ」

料理をしていると、イラリオとサントスの叔母が訪ねてきて、卵を3つ差し入れしてくれた。「私の家で食事をすればいいのに」と言ってくれた。しかし、もうすぐジャガイモも茹で上がり、スープもできあがる。丁重に断り、スープに卵を放り込んだ。

外気は日が落ちると共に急速に冷たくなる。家の中は狭いが、熱を逃がさない構造になっている。窓がなく、入り口が狭いのもそのためだ。壁も石を積み上げ、隙間に泥を詰め込んで外気が入らないようにしている。屋根もイチュというイネ科の草で厚く葺いてある。

料理をしている間に部屋は暖かくなるが、煙が充満して煙い。煙突はなく、屋根のイチュの葉の間から抜け出ていくのだ。

野外で家畜の糞を乾燥させたものを燃やす。

明け方、日が差し始める頃、家々の屋根から煙が立ち昇る。生活感のある私の大好きな光景だ。壁、屋根、柱、すべてがすすで真っ黒になっている。家人の顔もすすで黒くなることもある。

明かりの灯油も無駄遣いできない。食事が終わるとすぐに寝床に入る。肥料として貴重な糞を暖房用に使うことはしない。幸いかまど周辺は火が落ちてもしばらくは暖かい。私たち3人はかまどの近くに身体を寄せ合って横になった。私は寝袋にもぐり、子供たちはポンチョ、毛布などあるものすべてをかけて寝た。

まだ母乳を飲んでいるファナチャにも、仕事が
与えられている。彼女の仕事は子豚の世話だ。

冷たい雨が降っていても、子どもたちは裸足だ。

妹の子守りをしながら糸紡ぎをするパスクェラ。

私が髪切りの儀礼をしたトーマス。

子犬を抱いたラモサ。母親がカーニバルの時
に被る帽子を被せている。

トウモロコシ畑に向かうには、いくつもの丸木橋を注意深く渡らなければならない。

男の子たちと比べてシャイな少女たち。

リャマの背にトウモロコシを載せて畑からキャラバンをする。子どもたちにも数頭任される。

春になると、雪が降っても、すぐに解ける。
青々とした草の上に雪が積もり、不思議な彩りになる。

大人たちが儀礼のため、飲酒を続けている間、
小さな子たちは眠りにつく。

女の子たちも時間を見つけてはよく遊ぶ。

リャマで運び上げたトウモロコシの袋の上で
遊ぶパスクェラ。

子どもたちは大人とは違う世界を作って、遊び、子守りをし、仕事をする。

女の子も12～13歳になると、自分で髪を洗い、くしで解き、三つ編みにする。

子どもたちが身に付けているものはほとんど
母親の手作りだ。

アルパカの毛刈りを手伝うサントス。

猫を抱いて上機嫌のカシミーロ。

石を積み上げて作った家の入り口で遊ぶ。

兄弟でしょっちゅう取っ組み合って遊んでいる。

ケロの子どもたち

私の通い慣れているケロ村は狭義のケロで、広義にはケロ村の他にハプ、キク、カヤカンチャなど八つの村を指す。その一つ、トトラニ村を何回か訪れた。

トトラニ村は42家族の住む閉鎖的な村だ。よそ者の訪問は珍しい。そんな村に長期滞在者がやって来ると波風がたつことになる。私もどの家族も均一に回るというわけにはいかない。限られた家族とじっくり付き合うことになる。そうすると、あまり訪れることのない家族からは不満の声が上がる。閉鎖的な小さな農村の特徴で、皆平等に扱われたいと思っているのだ。

私は村長のアグスチンの家をよく訪問した。隣人のサンチャゴはアグスチンに強く嫉妬している。もともと仲が悪いのだが、さらに私がアグスチンの家に頻繁に出入りしているのが気に入らない。アグスチンには嫉妬を、私には敵意を持つようになった。

親の仲が悪くても、サンチャゴの息子ビセンテと

サンチャゴの息子、ビセンテ。

アグスチンの娘パスクェラは兄妹のように仲がいい。ところがこの2人に事件が起きた。サンチャゴが悲壮な顔をして、私の所にすっ飛んで来たのだ。

「アグスチンの娘が私の息子のビセンテを毒殺しようとした。ビセンテは意識を失い、死にそうだ。ところでこれは何の薬だい。ビセンテはパスクェラにこの薬をもらって飲んだんだ」

サンチャゴはぼろ切れの小さな包みを広げながら叫んだ。私は、脈拍が急に速くなるのを感じた。それは私が持っていた携帯コンロ用の固形アルコールだった。パスクェラがいつのまにか私の荷物から取り出したのだ。ビセンテはそれを飴と思い込んで食べてしまい、急性のアルコール中毒になったのだ。

家に入ると、ビセンテはポンチョで幾重にもくるまれて寝ていた。眼は閉じたままだが、脈はしっかりしている。呼吸も安定している。周囲には親戚の者の他にアグスチンの家族も座り、心配そうに見つめている。

ジャガイモを馬の背に積んで運ぶパスクェラ。

アルパカを追う少女。

アグスチンが部屋の隅で、マントの上にコカの葉をばらまいた。占いだ。真剣な顔をして、葉の散らばり具合を読む。

「ビセンテはじきに治るぞ」とつぶやいた。

2時間後、ビセンテがうっすらと目を開けた。泣きそうな顔をして、ビセンテの傍らに座っていたパスクェラが、「ビセンテ!」と大声で叫んだ。ビセンテはゆっくりと眼を動かし、彼女を見つめた。その夜、サンチャゴとアグスチンは私の提供した酒で夜通し飲んだ。


ビセンテの妹ファナチャはもうすぐ3歳になる。兄と一緒によく仕事をする。2人で留守番をしたり、トウモロコシの乾燥を手伝ったり、子ブタの世話をしたりと大活躍だ。

ファナチャはまだ母親にしがみついて母乳を飲んでいる。子どもに母乳を飲ませていると脳下垂体が刺激され、プロラクチンというホルモンが出て、排

顔を洗わないでいると、すすで黒くなる。

卵が抑えられる。産児制限になるのだ。ファナチャはじきに羊を、次にアルパカ、リャマを世話するようになり、学校に行く頃には、馬をたくみに操ることもできるだろう。

子どもたちは自分たちの世界を作っている。同世代だけでなく、年齢の違った子どもたちが集まり、小さな子の面倒は上の子が見る。乳飲み子以外は自分のことは自分でするというのが原則だ。他人とどのように付き合ったらいいのか。どのように振る舞ったらいいのか。どのように欲望を達成し、感情を抑えるのか。遊びながら、働きながら、喧嘩しながら、異なった年齢間の付き合いの中で学んでいく。その間大人たちは農作業などの労働に専念できる。

太陽が現れると共に、母と娘でアルパカを高地の放牧地に追う。

ファンじいさんとインカ・ソシアリズム

ファン・キスペじいさんはケロ村の最長老だ。自分では、「90歳じゃないかな」と言うが、正確な年齢は分からない。この村の大人たちで自分の年齢を正確に言える者はいない。年齢を尋ねると、「20歳くらい」、「30歳くらい」と答える。

だが子どものうちは分かる。というのは、彼らのジャガイモ畑は6区分されていて、1区分だけがその年に使われる。ほかの5つの区は休耕地になる。6年間で一巡すると再び最初の畑を耕す。したがって、どの畑を耕していた時に生まれたのかが分かれば年齢を推定できるわけだ。

ファンじいさんは時間を持て余すと、私の宿舎に来て談笑していった。私は使われていない古い校舎に泊まっていた。どすの利いた声、とても90歳とは思えないしっかりとした口調で話した。口を精一杯開けて豪快に笑った。

あるとき突然〝インカ・ソシアリズム〟という言葉を使い始めた。昔話や自分たちの若いころの話を

村の長老ロサス・フローレス。イラリオやサントスの祖父だ。

したがるのは年寄りの癖だ。その言葉も昔の話をしているときに出てきた。

「荘園主がわれわれの土地を支配していた時代はとてもひどい目にあった。働いても働いても、ちっとも自分たちのためにはならなかった。しかし、荘園主を追い出してからはケロは変わった。インカ・ソシアリズムが再現したのだ」

「どういうこと？」

「インカ時代、われわれの祖先はインカのために畑を耕し、家畜を飼い、税を納めなければならなかった。しかし見返りに十分な恩恵が与えられ、人々はとても満足して暮らしていた。スペインがやって来ると様子が一変した。肥沃な土地を奪い、その土地でわれわれをこき使った。その代償をほとんど払わなかった。インカ時代は金など必要なかった。土地も水も自然を利用するのに代金など支払う必要はなかった。自然は神の所有物なのだから政府に金を払う必要などないはずだ。スペイン時代には、神の使

定期的に村会が開かれる。トウモロコシやジャガイモを茹でた弁当を持参し、ハトゥン・ケロに集まる。

いであるカトリックの神父までが金を要求した。

荘園主を追い出してからは、村の運営は選挙で選ばれた5人の長の合議で行われている。とは言っても5人だけですべてを決めるわけではない。集会での皆の意見に耳を傾け、尊重しなければならない。長といえども、いいものを食べるわけでも、特別いいものを着ているわけでもない。住む家だって同じだ。ここでは村人たちは飼っている家畜の数は違うが、政治的には平等だ。ついでに言えば、ペルー政府もこんな奥地までは税金を取り立てに来ない」

「インカ時代のことやインカ・ソシアリズムという言葉はだれから教わったの?」

「祖父からインカの時代は素晴らしい世の中だったといつも聞いていたよ」

荘園主に酷使されていたころのケロの村人たちにとってインカの世の再現は夢だったのだろう。彼らの土地は、1962年に、苦労して地主から奪い返した土地だ。それだけに、土地に対する執着心とよそ者に対する警戒心は相当強い。ケロ村の老人たちは口を揃えて言う。

「ヤバルという荘園主が我々の土地を支配していた時代、我々の生活は悲惨で苦渋に満ちたものだったよ。1年のうち260日も荘園主の農園で働かされたものだ。ヤバルは我々に休む暇を与えず、奴隷のようにこき使った。ちょっとでも手を抜いたり、休んだりすると、マンゴの木で作った棍棒《こんぼう》で殴ってきたもんだ。農園の仕事が終わると、家畜の世話、薪集め、炊事、掃除、洗濯をやらされた。睡眠時間もろくに与えられなかったよ。そのうえ出される食事もひどかったなあ。腐りかけたジャガイモを放り投げられたもんだ。まるで犬みたいじゃないか。村で預かっている家畜が死ぬと、素っ裸で宙吊りにされ、鞭で叩かれたよ。村人たちの腹は煮えくり返っていたんだがね、ある事件で、その怒りがとうとう爆発したんだ」

「農園に大きなユーカリの木があったんだ。その根

最長老のファン・キスペ。元気でおしゃべりだ。

を掘り起こしているとき、強い風が吹いて、倒れた。その下敷きになって、1人が死亡、2人が大怪我をしてね。ヤバルはその事故を強風による天災と認定し、死者、怪我人に一切補償をしなかったものだから、我々の怒りはとうとう爆発したよ。『事故の原因はろくに休みも与えずにこき使ったヤバルにある』として、裁判所に告訴したんだ。ところが裁判の結果は惨敗だったよ。裁判官とか町の有力者は荘園主の仲間だからね」

村人たちはここで引き下がらず思い切った行動に出た。リマに行き、大統領に直訴したのだ。普通だったら、一笑に付されるだけだったろう。しかし、このとき幸運なことが起こった。

1955年、リマの有力新聞『プレンサ』紙の後援で、15人のクスコ大学教授がケロ村にやって来た。彼らは村人の惨状を見て、村人の動きを支援し、大統領直訴の段取りを整えた。『プレンサ』紙は紙上で村人支援のキャンペーンを張った。62年、大統領命令によりヤバル一族はケロ村から完全撤退した。

老人たちは言う。

「いつも家族と一緒に居られるし、鞭打つやつも、棒で叩くやつもいない。自分たちのために働けばよくなった。今は幸せだよ」

55年にこの村を訪れた文化人類学者でクスコ大学の名誉教授のオスカル・ヌーニェス・デル・プラド博士宅を訪ね、当時の様子をうかがった。

薪運びをする男。

共同作業で村の建物の屋根葺きをする。

「私がケロの村人と初めて会ったのは49年のことで、パウカルタンボのヴィルヘン・デル・カルメンという祭りを見物に行ったときだった。いろいろなところから農民たちが集まり、それぞれ特色ある民族衣装で身を飾って踊っていた。その中でひときわ私の注意をひく一団があった。それがケロの人々だったわけだ。クスコに戻ってから、ケロを訪問するチャンスを待っていた。それが実現したのはそれから6年後の55年だった。クスコ大学の調査団を組織し、私がその団長となった。私はケロに着いた時、村人たちの素朴さ親切さに感動するとともに、彼らの荘園主の振る舞いに憤りを感じた。村人たちは奴隷のように扱われていた。ヤバルという荘園主一族は全くひどい奴らだった。ヤバル一族は肥沃なウルバンバ渓谷やパウカルタンボに広大な農園を持っていた。それでケロの村人はあちこちの農園に連れ出され、加えて1年のうちに180〜270日間は荘園主の農園を耕さなければならなかった。ケロと農園を往

トウモロコシ畑に向かう道は急峻で、川には多くの橋がある。雨期に橋はすべて流されるので、トウモロコシの収穫の前に、男たちは総出で橋を作る。

選挙で村長が選ばれた。男たちが祝福に駆けつける。

復する日数を加えると、彼らがケロの自分の畑を耕す時間はとても少なかった。自分たちの畑作業や家畜の世話は主に女や子どもがしていた。その上言うことを聞かない者、不平を言う者は素裸で宙吊りにされ、鞭で叩かれた。この惨状を見た私たちはなんとかしなければいけないと思った。そこでクスコに戻ると、リマの弁護士トゥパク・ユパンキに頼み込み、当時のペルー大統領マヌエル・プラドに直訴した。その結果、62年になってやっと荘園主から土地を奪い返すことに成功したのだ。それ以来、彼らは自分の畑だけを耕せばいいようになった」

68年、ペルーに起きた軍事クーデターによって、農民たちは有償ではあったが、地主から土地を与えられた。ケロの村人は、これより6年前に自分たちの土地を獲得していたわけである。やっと奪い返した土地だけにその土地に対する執着心とよそ者に対する警戒心は相当なものだ。

「彼はきっとわれわれの土地を奪いに来たに違いない。よく考えてみろ、彼は一昨年は1週間だけここに滞在した。昨年は10日間ほどいた。そして今回はもう2カ月以上になる。滞在期間が次第に長くなってきている。きっと来年は半年ぐらい滞在し、その次からはわれわれの土地を奪って永住するに違いない」

パスカル・アパサという初老の男が、村の集会で声を荒らげて喋った。ケロに滞在して2カ月以上経ち、ほとんどの村人と親しくなっていた。しかし、ごく一部に未だに私を追い出そうとしているグループがあった。そのリーダー格がパスカル・アパサだった。

私に対する悪しき噂はいろいろあった。土地に始まって「彼は共産主義でわれわれを洗脳しに来た」、「ジャングルの奥地でコカ（コカインの原料）を栽培しているのだろう」、「別の土地で何か犯罪を犯して、ここに逃げて来たのだ」などだ。さらに私を村から追い出すべきだという動きが頻繁にあった。その根っこには私が一部の家族と親しくしていることへの嫉妬があった。

その翌年、オスカル・ヌーニェス・デル・プラド博士に「この日本人は土地を奪うなんて考えていない」旨のことをテープレコーダーに吹き込んでもらった。それを村会で皆に聞いてもらった。パスカル・アパサは「博士は日本人に買収されたんだ」と言いふらしていたが、やがて自分の孫の髪の毛を切ってくれと頼みに来た。それ以来、村会で土地の問題を議題にすることも、噂にすることもなくなった。その後、パスカル・アパサはごく親しいコンパドレになった。

村の共有畑でジャガイモの種植えをする男たち。カーニバルなど村の行事に使う。

トウモロコシのキャラバン

一般的にアンデスでは高地の牧民社会と低地で生活を営む農民社会が明確に区分されている。両者は互いに依存しあって生活している。つまり、牧民が肉、織物、岩塩などの外来の産物を農民のところに運び、その代償として農作物を手に入れるといった安定した需給関係が成り立っているのである。それでジャガイモやトウモロコシの収穫期にリャマの隊商をよく見かけるということになる。絵ハガキでおなじみの光景である。

牧民と農民との関係は経済面だけではない。牧民にとっては旅先で寝床を与えてくれ、リャマの休む場所を提供してくれる農民の友人が必要となる。一方、農民にとっても牧民は大切な外来文化の伝達者で、彼らを通じてまだ見ぬ社会のことを知ることができる。農民は農繁期には牧民に収穫物をリャマで運んでもらい、収穫物の一部を支払う。祭りや家畜の繁殖、農作物の豊作を祈る儀礼もお互いに協力しあって盛り上げている。お互い持ちつ持たれつの関

プスケロのトウモロコシ畑。

係にある。

ケロ村ではどうしているのだろう。ケロの人々は牧民でもあり農民でもある。家畜を養い、ジャガイモやトウモロコシも栽培している。こうなるとよその社会に依存する必要性は全くなくなり、完全に自給自足の生活を全うできる。

アンデスにおいて、インカの伝統を残している最後の村であると誰もが認めるケロの特殊性はそこにある。完全な自給自足が可能なために、他の社会と交わる必要もなかったし、交わろうともしなかった。どこを探してもそんな村はほかに見当たらない。それゆえにこの村はつい最近まで孤立し、古い伝統を守り抜くことができたのである。

星と雪の巡礼祭から戻ると、ケロの人たちは家族単位でジャングルに向かう。トウモロコシの収穫のためだ。標高4000〜4500メートルの氷河の付け根のところにある家から、標高1500〜2000メートルの森の中にある畑まで、実に標高差3

リャマを連れてトウモロコシの収穫に向かう
村人たち。家族総出で行く。

リャマを通す橋が完成するまでは丸太橋を渡る。

000メートル近い道を一気に駆け下りる。この大きな標高差を利用した生業が、ケロという村を特徴づけている。例えて言えば、同じ人間が富士山の頂上から裾野までを日常生活に利用し、なおかつ常時往き来しているのである。

私はラッサロ一家に同行してジャングルに下りた。生後7カ月のヴィルヘーナは風呂敷に包まれ、母親に担がれている。その上に猫がちょこんと乗っている。もうすぐ4歳になるカシミーロは自分の足で歩かされる。険しいところだけは父親が背負った荷物の上に乗せられる。カシミーロは腹ばいになって乗っている。別に紐《ひも》で結わえてあるわけでもないが、慣れたものでしっかりとしがみついている。

ジャングルに向かう道すがら、私を驚嘆させたのは植生の変化である。ラッサロのコリパクチョの家では間近に氷河が迫っていた。谷から冷たい風が吹き上げ、気温も夜中は氷点下10度以下、日中でも摂氏12～13度ぐらいまでしか上がらない。荒地と言っ

ラッサロ・アパサー家のプスケロの家。森の木で作られている。

てもよく、植物といったらイチュというイネ科の雑草やククナ、カンカヤが地面にへばりつき、たまに貧弱な灌木が散らばっているにすぎない。そのため燃料は薪を下から運ぶか、リャマやアルパカ、羊の糞を乾燥させて使うのだ。

　標高３５００メートルぐらいから灌木が多くなってくる。とくに川原には背より高い木が群生している。標高２８００メートルともなると、そこら中に植物が繁茂し、川原に降りるにも骨が折れる。またトゲのある植物が多いので、服が破れ、すり傷を覚悟しなければならない。この辺りからブヨが出てくる。休憩するとワーッと顔、首筋に群がってくる。疲れていても歩いた方が楽だ。標高４０００メートル以上のところでは、野外で昆虫類にいじめられることはなかったが、強敵は家の中に潜んでいて、ノミ、ダニ、シラミと多彩である。ダニは家畜に好んでたかる。泊めてもらった村人の家でシュラフにもぐり体が温まってくると掻痒《そうよう》感と格闘することにな

▲トウモロコシを石でつぶす。

◀つぶしたトウモロコシを葉に包む。

▼焼いた石板の上に載せると、トウモロコシの笹餅ができる。

る。

　標高2600メートルになるとすっかり密林がはびこり、視界がきかなくなる。アマゾンから湿った空気が吹き上げる。木々にはコケがべっとりと付き、シダ植物が繁茂する。雲霧林帯だ。それほどの大木はなく、ひん曲がった木が多い。あらゆるところに寄生植物を養っている。美しいランの花も咲く。

　トウモロコシ畑のあるところはもう完全な熱帯、あるいは亜熱帯の降雨林で、日中は軽く摂氏30度を超す。急な斜面一帯に広がったトウモロコシ畑を眺めながら、私は脱帽せざるを得なかった。ケロという村の人間が全く異なった対照的な環境に適応し、最大限に利用している姿は見事というほかはなかった。

　収穫したトウモロコシは地面に広げて乾燥させる。生のままではすぐに腐ってしまう。貯蔵食料として1年間コンスタントに食べるには、十分に乾燥させカラカラにしなければならない。ここでは日本でおなじみの焼きトウモロコシはない。煮るか炒《い》るかで、どちらにしても乾燥したトウモロコシの粒を芯からほぐして取る。

　それを鍋に入れて炒れば、カンチャと呼ばれる炒りトウモロコシのでき上がり。茹《ゆ》でればモテという インカ時代からの最も一般的な料理法となる。茹でる時、湯の中に灰を混ぜると硬い粒の皮がむけ易くなる。タマルはいわば〝笹餅〟といった料理法で多少水分の残っているトウモロコシの粒をつぶして葉に包み、それを熱く焼けた石の上に置く。携帯食になる。

　トウモロコシの収穫が始まるのと前後して、高地とジャングルを結ぶ道の補修が行われた。この道を使うのは、12～1月のトウモロコシの種まきと、6～8月の収穫の時期の正味2カ月である。そのほかの期間はほとんど使うことはない。崖は崩れ、雨期の増水で橋も流されてしまう。収穫したトウモロコ

子どもを背負ってリャマを追う。リャマに載せられる荷は 20 キロ。リャマが疲れると人間が背負わなければならない。

シを運搬するリャマのために、年に一度道を補修し、橋を架け直すのである。

その補修工事は、私がぜひ見てみたいものの一つであった。ケロこそがアンデスで最も伝統を残している村だと教えてくれた連中が、「とくに道の補修と橋作りの時の共同作業は、インカ時代の労働を彷彿させるものがある。きっとインカ道もインカの精巧な石積みも、あのようにして造られたものだろう」と言っていたからだ。

15歳以上の男子は、すべて共同作業に従事する義務がある。とくに道の補修については、その義務を遂行しなかった場合には厳しい制裁がある。その道の通行を禁止されるのだ。そうなったらたまったものではない。その年のトウモロコシの収穫は諦めなければならない。

ハトゥン・チャカ（大きな橋）の工事には村の男のほとんどが集まり壮観だった。今までお目にかかれなかった者にも出会うことができた。5人の指導者の指揮のもとで皆がてきぱきと動いた。大きな石を運んで土台を作る者、大木を切り出す者、それを運ぶ者、各々が手分けして働いた。指導者たちもただ見ているだけではなく、皆と同じように積極的に作業に加わった。

工事の道具は極めて貧弱であった。斧と蛮刀、それに畑で使うチャキタクヤ（踏み鋤《すき》）だけだ。彼らの肉体が最大の道具なのである。

足を巧みに使う。大きな石を移動させるとき丸太棒をテコにするとともに、石の後方に仰向けになり両足で石を押し込む。車輪やコロの使用を知らなかったインカ時代、サクサウアマンの城砦を築いた数トンの石もこのようにして運ばれて来たのかと思い、感慨深かった。

橋の土台を作っている間、若者たちが斧を持って密林の中に入って行った。強く真っすぐな木を選ばなければならない。切り出された丸太棒はひきずられ、担がれて運ばれる。彼らは喜々として歓声をあ

リャマを追って、一気に標高の低いプスケロに向かう。

げ、生き生きとしている。全員が一丸となって作業をしているのが良く分かった。

ハトゥン・チャカを架け終わり、道の補修がすべて終了すると男たちはまた高地へ向かう。リャマを連れて来るためだ。その間、女たちがトウモロコシの番をする。ラッサロはリャマを7頭しか持っていない。7頭では高地とジャングルを7～8回も往復しなければならない。14頭のリャマを持っている父親のディオニシオから借りることになって、21頭いればなんとか3往復でトウモロコシを全部運搬できる。自分の分が終わると代わって父親にリャマを貸し、運搬の手伝いをする。

運搬用には去勢した雄のリャマを使う。耐久力があるのだ。リャマとアルパカの区別はさほど難しくないが、どうしても区別のつかないものもいる。聞けばリャマとアルパカの混血だという。クリスマスの日、家の中にリャマとアルパカを入れて交配させ

標高 2000 ～ 2500 メートルあたりの雲霧林帯にある休憩所で、崩れた荷を整える。

家族総出のリャマのキャラバン。やっと森林帯を抜けた。

る。馬とロバの混血ラバが力強く耐久力があるように、このチャコあるいはワリと呼ばれる混血もリャマより運搬力がある。

ラッサロはコリパクチョに戻り、雄リャマを集めると家の中にしまっておいた鈴のついた房飾りを取り出し、先頭を行く数頭の首にこの飾りをつける。鮮やかな毛糸で作った房飾りは化粧回しのようだ。群れをなして歩くリャマには必ずリーダーがいる。リャマは極めて臆病なので、なかなか先頭を歩きたがらない。めぼしいリャマを1頭選び、常に先頭を行くように訓練する。訓練されたリャマは死ぬまで先頭を歩くことになる。ちなみにリャマの寿命は15年前後だ。このリャマが死ぬと再び若いリャマを選び訓練するのである。

房飾りをつけたリャマは、ラッサロが鞭を振ると一目散で駆け下りていった。コリパクチョの標高は4100メートル。トウモロコシ畑のあるプスケロまでは標高差が2500メートル近くもある。いっ

リャマは臆病なので、慎重に橋を渡る。

たん途中のハトゥン・ケロで中休みをした。

翌朝、再びジャングルに向かう。ほとんど空荷のリャマは、飛ぶように駆け下りていく。鞭を振りながら後を追う人間もまるで100メートルダッシュをしているかのようだ。私も必死になってついていった。

トウモロコシ畑に着くと、早速乾燥させてあったトウモロコシを袋に詰めていった。通常リャマは30~40キロの荷を運べるが、急な斜面を帰るので、一袋に20キロくらいが限度だ。リャマはトウモロコシ畑に放され、枯れた葉を食べている。

翌朝は午前3時ごろからラッサロ一家は起きて火を焚いていた。夜がうっすらと明けるころ、親類の者が手助けにやって来た。リャマを集め、トウモロコシの袋を積むのも一仕事だ。ジャングルに来たときと同じように再び猫や犬、鶏も含めた家族全員の大移動である。ラッサロの妻フェリパや小さな子どもたちは、約1カ月ぶりで高地へ戻る。ヴィルヘー

標高 4300 メートルのチョワチョワからプスケロに向かうリャマ。崖を削り取っただけの狭い道を慎重に進む。

ケロ村　1年の行動と生活標高

（オスカル・ヌーニェス・デル・プラド・カストロ博士作図：1955を著者が改変）

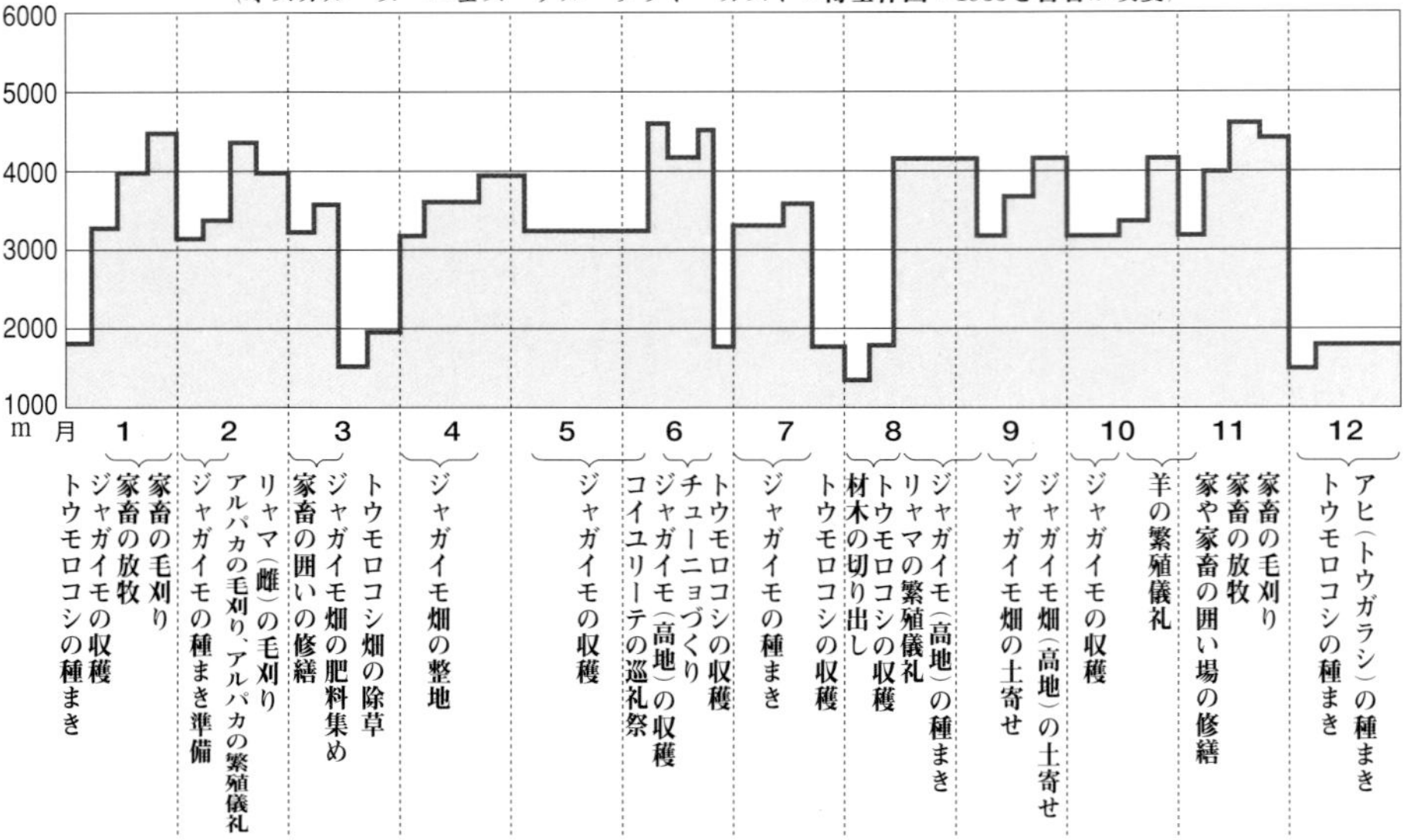

ナの顔は虫に刺され痛々しい。途中約2時間ごとに休憩所があった。草木が刈り取られ、リャマと人間が休めるようになっている。弁当を食べ、荷を整える。疲れているリャマの荷を軽くしてやるため、その分を人間が背負う。人間の荷は上に行けば行くほど重くなる。

　リャマもハトゥン・ケロに近づくに従い疲労が激しくなる。ついにはペタンと道端に座り込んでしまうものもいる。こうなるとリャマも限界である。鞭で叩いてもテコでも動かない。仕方なく同じようにくたびれ果てている人間が、その荷を分けて自分の風呂敷包みに入れて背負う。やっとハトゥン・ケロのわが家にたどり着いたときには、トウモロコシとヴィルヘーナと猫を背負っていたラッサロの妻フェリパは、あまりの疲れにそのまま家の前で座り込んでしまった。

　ケロの8月は家畜にとって最も辛いシーズンだ。乾期の後半で長く雨が降らなかったために牧草が少ない。年によってはこの月に家畜がばたばたと死んでいくこともある。草が青々としていた恵みの春に対して、耐乏の季節と言える。アマゾンに面しているので雲は多い。しかし、雨が降り始め草が生えてくるのは9月になってからだ。

リャマを使ってのトウモロコシのキャラバンが終わると、リャマの繁殖儀礼を行う。親族や隣人たちを集めて、神々にリャマの繁殖を祈願する。この時期は家畜だけでなく、人間も植物もそして神々までもが力が衰えていると考えられている。神々にも元気になってもらわなければ困る。神々に酒、砂糖菓子、コカの葉、動物の脂肪、花などを供物として捧げる。酒はトウモロコシからチーチャ酒を造る。

初日は夕方に三々五々儀礼を主催する家に集まって来る。主催者のラッサロ・アパサは部屋の隅から布の包みを取り出して広げる。1メートル四方のリャマの毛で織った布だ。これでメサヘビという祭壇を用意する。祭壇には神聖な植物や花、海の貝殻、動物像、十字架があり、ラッサロはその前にどっしりと腰を落ちつけて親族、隣人の集まるのを待つ。

妻フェリパが家人や訪問者にチーチャ酒を振る舞う。酒を振る舞われると、パチャママ（地母神）や

崩れた荷を整える。

リャマのキャラバンはようやく高地の家に帰ってきた。トウモロコシを下ろすとすぐにプスケロに戻らなければならない。一度に運びきれないので数回往復する。

アプ（山の神）を祈念しながら地面に注いだり、指で空中に弾き飛ばして、神々に献じてから飲む。客が揃うと、コカキント（完全な形をしたコカの葉）、リャマの脂肪、リャマの毛、砂糖菓子、花、樹脂を白い紙に包んで、供物として火にくべる。この時、彼らは神々が供物を食べたと思っている。再び献酒をしながら酒を飲み、歌い、ケーナを吹き、踊る。女性が踊るときは、キャラバンの時にリャマのリーダーが首から垂らしていた飾りや、リャマの毛で編んだロープを両手に抱えて踊る。

夜中になるとかなり酔ってくる。踊りといってもその場で音楽に合わせて足踏みをする単純なものだ。男たちは時々かぼちゃ型のひょうたんを家の反対側に投げる。遠くまで転がり、きちんと座ると吉兆だという。しばらくすると再び供物を火にくべる。それを夜明けまで繰り返す。儀礼の間、祭壇の周囲にたくさんの神々が集まって来ていて、家畜の生誕、発育はこれら神々の心持次第だと考えられている。

翌日の午後、場所を外に移して、カンチャ（家畜用の囲い場）の中で儀礼が行われる。すべてのリャマがこのカンチャの中に集められる。献酒と供物を捧げるのは前日と同じだが、この日はリャマの耳につけた毛糸のリボンをつけ替える。若いリャマには太い針を使ってリボンを通す。その前にリャマにチーチャ酒をしこたま飲ませる。１人が首根っこを抱きこみ、もう1人がビール瓶に入れたチーチャ酒を口の中に注ぎこむのだ。

すべてのリャマの耳に新しいリボンがつくと、リャマをカンチャの外に出す。女たちがケロ（木製の器）に入れたチーチャ酒をリャマのいる方向に天高く撒き散らし、献酒する。男たちはリャマを追いかけていき、膝を着き、土下座をして額を地面に着けて家畜の繁殖を祈る。

森の中の休憩所で休息をとる。

ジャガイモの栽培

　アンドレス・フローレスは荒地にジャガイモに適した土地を見つけた。一緒に行かないかと誘われ、同行した。ケロの荒地は共有であるが、個人が自由に耕作してもよいことになっている。そして開拓した土地は個人の所有地となる。アンドレスの開拓した土地はかなり広い土地だったので、親類の者に手伝ってもらった。

　約2時間ごとの休憩時にはトウモロコシにジャガイモ、コカを振る舞った。別の日にはアンドレスが親類の畑作業を手伝わなければならない。この相互扶助の慣習はアイニと呼ばれ、アンデス全域で古くから行われてきた。

　ジャガイモは標高3000〜4200メートルの畑で栽培される。ヌーニェス・デル・プラド博士の調査によれば、ケロでは80種類のジャガイモ類を栽培しているというが、私が確認できたのは16種類だ。形が悪く、不揃いで小さい。ところが味と舌ざわりの方はなかなかのものである。自家用ばかりで、市

ジャガイモの種植えをする。

場へ出荷することはない。収穫可能になってもしばらく待って収穫すると、粉を吹くようになって実に美味い。

トウモロコシは茹でて食べるが、ジャガイモはワッティアを作る。藁焼き芋だ。枯れた根、茎の混じっている土塊を積み上げて、そこにジャガイモを放り込んで火をつけて焼くのだ。もうもうと煙が立ち上っている。おかずはない。トウガラシをすりつぶしたウチュクタを少しつけるだけだ。町で焼いたり茹でたりしたジャガイモを食べても、すぐに飽きてしまうが、ここでは20個でも30個でも飽きずに食べられる。

ジャガイモはケロで最も重要な作物だ。ジャガイモがないケロの生活は考えられないし、アンデス文明やインカ文明の興隆も考えられない。それだけではない。ジャガイモはヨーロッパ人がアンデスにやって来てから急速に世界中に広まった。ヨーロッパ

ジャガイモ畑はハトゥン・ケロ周辺に多い。
男がチャキタクヤ（踏み鋤）で穴を掘り、女が種イモや肥料として家畜の糞を入れる。

の食生活もがらりと変わったのだ。

17世紀になると、ヨーロッパの人口が急増する。その背景にジャガイモ栽培の浸透があったことは確かだ。最も有名なのが、アイルランドだ。アイルランドはアンデスと農耕の条件が似ている。土地は痩せ、気候は寒冷だ。そのためジャガイモを導入するまで慢性的飢餓状態が続いていた。ジャガイモが導入されると全土に広がった。17世紀後半にジャガイモが入ってきた頃は50万人だった人口が、19世紀半ばには900万人に膨れ上がっている。

アイルランドだけでなく、北欧や日本でも北海道などで、寒冷で痩せた土地にも強いという特性から栽培された。その結果、これまで農耕ができないとされた地帯で農業生産が可能になり、世界の食糧生産能力は飛躍的に向上した。


ケロでは家族単位の畑作業のほかに、村の共有畑の作業もする。成人男子の約半分50人くらいが集まる。さぼっても罰はないが、誰それはこの何年間一度も作業に来ていないと噂されて、怠け者の烙印を押されてしまうことになる。この人数では広い畑の作業もあっという間に終わる。この共有畑の収穫物は村祭りなど村全体の行事で食べたり、村人に等しく分けられたりする。

6〜7月はケロで最も寒い時期だ。午前中は青空が広がり、気温も上がる。ところが午後になると下流のアマゾン地方から霧が上ってくる。夜になると再び快晴になり、夜空は満天の星となる。昼間温まった空気も放射熱でどんどん冷える。昼と夜の温度差が大きい。

この時期、村のあちこちでジャガイモが干してある。ルキというとくに寒さに強いジャガイモだ。雪が降る4000メートル以上の高地でも栽培できる。これより高いところで栽培できる作物はほかにはない。しかし、とても苦い。普通に煮たり焼いたりしても食べられない。

チャキタクヤを踏む。

ジャガイモの収穫をするパスクェラ。

凍結乾燥ジャガイモ（チューニョ）を作るラッサロ一家。

幼いカシミーロも手伝う。

水で晒した後に凍結乾燥させたものはモライヤと言う。

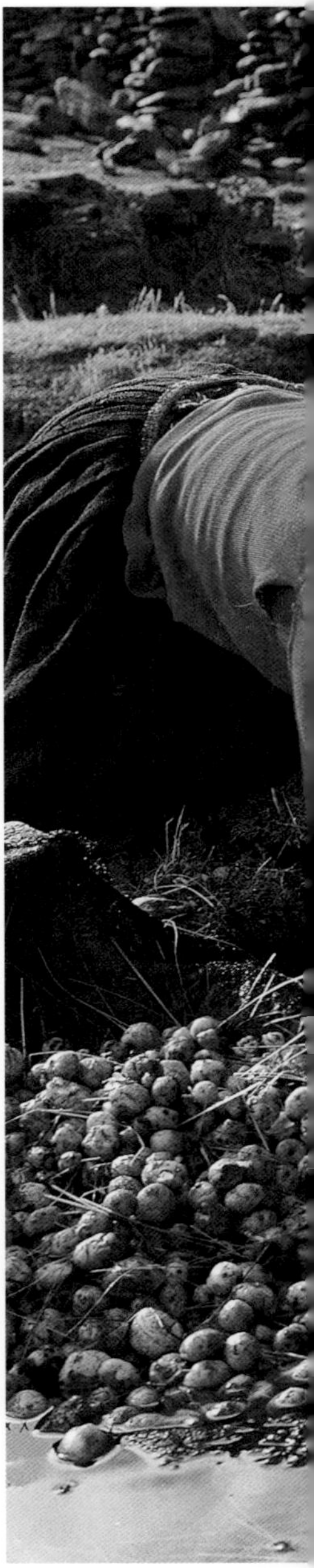

ルキはフリーズ・ドライ（凍結乾燥）加工して、保存する。これが、チューニョだ。一見干からびていて、黒ずんでいる。慣れない独特の臭いがあるので最初は食べにくい。しかし、慣れてくるとやみつきになる。

野外に干したジャガイモは夜間凍り、日中は解凍する。数日間凍結、解凍を繰り返すとぶよぶよの状態になる。ラッサロ・アパサが「今日は一家総出でジャガイモ踏みに行くので、一緒に行かないか」と言うので、ついていく。野外にきれいに広げられたジャガイモを積み上げる。これを皆で裸足になって踏み始めた。

両足で交互にジャガイモを踏みつけると、「ジルッ、ジルッ」という音をたてて水分が流れ出してくる。すべてのジャガイモを踏み終えると再び野外に広げる。この後4～5日放っておくとチューニョが完成する。驚いたことに黒かった皆の足がジャガイモの汁のおかげできれいになってしまった。

チューニョはコルク状に硬くなり、もとのジャガイモの半分ほどの大きさになっている。軽くなり、持ち運びにも便利だ。長期間保存も可能になる。

ラッサロ一家はジャガイモ踏みが終わると、家のやや上部に流れている小川に向かった。小川に藁がかぶせてある。それをどけると、大きなジャガイモが水の中に浸してあった。これは苦いので水さらしをした後でチューニョと同じ工程で処理する。モライヤと呼ばれている。

気温の下がる乾期の盛りにチューニョを作る。

フェリシータの恋

村の重鎮マリアーノ・アパサの長女フェリシータは、20歳近くになって小学校に入学した。アンデスやアマゾンの小学校では、小さい子に交じって20代30代の成人が学ぶことは決して珍しいことではない。学校側でも学ぶ意欲のある者にはいつでも門を開けている。

フェリシータはここで教師のアレホに恋をした。ケロの女性としては珍しくフェリシータは都会に憧れていた。ケロの女性は厚手の布地で作ったスカートを幾重にもはき、自分で織ったショールを羽織っている。しかし彼女はこれを嫌い、町の女が着ているような薄手のスカート、ストッキングにゴム靴を履いていた。服装がシティガール化したからには恋人も町の男でなくてはならない。決して晴れ着と仕事着兼用であるウンクとポンチョを身につけ何年も体を洗ったことのない男ではいけない。

ホンダのイニシャルのついたジャンパーに継ぎのあたっていないズボン。足にはオホタ（タイヤから

フェリシータと赤ちゃん。

フェリシータと成長した娘。この後フェリシータは病死した。

作ったゴム草履）ではなくスマートなスニーカー。しかし、颯爽《さっそう》とフェリシータの前に現れたシティボーイには妻子がいた。損得勘定で異性を見ない若い娘にとってはそんなことはおかまいなし。もちろん一目で惚れ込んでしまった。

アレホは妻子をパウカルタンボに残して単身赴任していた。フェリシータも通学のため親元を離れていた。２人は当然のように結びつき、教師の寄宿舎に住むようになった。

それから半年後、アレホは夏期休暇のためパウカルタンボへ帰っていった。翌年5月、新しい女教師が赴任する前にフェリシータは男の子を生んだ。アレホは戻らなかった。

8月中旬、１カ月の休暇でパウカルタンボに帰っていた女教師と一緒にアレホがケロに現れた。「教育委員会の派遣でケロの学校視察に来た」と言う。私は久しぶりにフェリシータに会ったアレホがわが子と初めて対面し、少しばかりでも養育費を置いていくのかと思った。だがその期待は裏切られた。アレホは用件を済ますとさっさと帰ってしまった。後日フェリシータに聞くと、彼女はアレホがケロにやって来たことさえも知らなかった。

ケロの若い男たちにとって望ましい女性とは、豊かな胸と大きい腰、がっちりとした体格の持ち主である。夫とともに厳しい農作業に耐えなければならないので体力が重視される。とくにケロの女性の胸の豊かさには圧倒される。赤ん坊に乳を与えているのを見るとまるで牛の乳房のようだ。反対にやせて乳房の小さい女性は病弱さを思わせ、生まれてくる子どももひ弱いのではないかと嫌われる。

性格的な面では農耕社会を基盤としている私たちと変わらない。つまり穏やかで朗らかで勤勉であることが望まれる。もちろんリャマやアルパカの世話ができることは最低条件だ。審美的な面も加味される。きちんとした服装をした女性が好まれる。とい

結婚式の前の儀礼的な婚約式。結婚する当人たちは既に同居していて、この場には来ない。お互いにコカの葉を交換する。

コカの葉で占いをするヴィセンテ・アパサ。

うのは、羽織っているリキヤ（マント）をはじめとして女性が身につけているものはすべて自分で紡ぎ、織ったものであるから、服装を見ればその手仕事の上手下手も分かるのである。

一方、望ましい男性とはまず経済的に豊かなこと。つまり良い畑を持っていて、何頭かの家畜を飼い、仕事に対して適性があり、勤勉であること。容姿よりも道徳的な面が重視される。すなわち、年長者に対して適切に振る舞うことができ、真面目で穏やかであること。極端におしゃべりであったり、けんか好きなのは嫌われる。

近親結婚の禁止は絶対的なものであり、それに類する行為は最も恥ずべきことであるとされる。これは私たちの社会よりも厳しく、いとこ同士の結婚も禁止されている。相手を探すときは、自分と異なる地区に住んでいる血縁関係にない家に求める。近親結婚は厳しく規制されてはいるものの、狭い地域のことであるから遥か昔をたどれば血縁がある場合が多い。

83年8月、ラッサロ・アパサの末妹マルコーサ・アパサとコチャモコに住むフランシスコ・マチャカが結婚式を挙げることになった。オコンガテから神父が来ることになっていた。ケロでは7〜8年ぶりのことだという。

私は20代半ばのこの男女にパドリーノ（教父）になってくれと頼まれ、引き受けることにした。通常、若い男女が結婚することに合意すると2人連れだって男性の家に行く。その日を前もって断ることはない。しかし、フランシスコ・マチャカは幼いときに両親とも亡くしている。幼いといっても1人で生活できるようになっていたので養子にはならなかった。

2人が訪れると男性の両親は、彼らに訪問理由を尋ねる。彼は彼女を自分の妻にする決心を告げる。そこで両親は2人を戒め、彼らの下した決断の重要さを理解させ、未来の生活がきちんとした睦まじい

家の中で女性用のマントを織るフェリパ。家はトウモロコシ、ジャガイモ、薪の倉庫でもある。

ケロでは男も女も、暇さえあれば糸を紡いでいる。

鍋からスープを盛るフェリパ。

ものであるようにと諭す。そしていつまでも堅く結ばれることを願う。

そののち男性側の両親が娘の家を訪れる。フランシスコには両親がいないので、隣人のヴィセンテ・アパサに父親代わりになってもらった。娘の家を訪れるのは夜中である。その前にヴィセンテの家で若い男女は酒を酌み交わし、「今夜の儀式のことよろしくお願いします」と頼んだ。

夜12時近く、ヴィセンテは酒とコカの葉を持ってマルコーサの両親ディオニシオ・アパサとコンセプション・ルナスコの家を訪れた。ディオニシオたちはヴィセンテの訪問を前もって知っていたが、普通はもう熟睡している時間である。眠い目をこすりながらもヴィセンテを歓待して、妻に床へ毛布を敷くようにと言った。若い2人はすでに結婚生活を送っており、親が結婚に反対してひと悶着起こるということはない。ここでは形式的な問答が交わされ、ディオニシオが、「若い夫婦の相性がよければ一緒に

家畜の糞を乾燥させる老女。高地では灌木も少ないので、家畜の糞を燃料にする。

住むがよい。私たちの娘が悲しむことがなければよい」と結んで終わる。

ヴィセンテは、日本でいえば結納にあたるこの儀式にたくさんのコカを持って来ていた。会合が終了すると、娘の両親と同席していた兄のラッサロにひとつかみのコカを贈った。3人はマントやコカ袋を差し出し喜んで受け取った。次に各自がキント（形の整ったコカの葉）を数枚選び、束ねた。それをお互いに交換して噛む。

この小さな行為はウマ・ルトゥーチ（幼児の断髪儀礼）や家畜の繁殖儀礼などで頻繁に行われる。キントゥーと呼ばれ、お互いの信頼関係を確認し合うのである。その後は朝まで飲み明かす。新夫婦の将来についてや世間話を語り合い、家族同士の親密さを深める。

後日ヴィセンテは再び娘の両親を訪ねた。若い夫婦の運命を占うためである。彼らによれば、夫婦の和合や資産の大小はおのおのの運命の質にかかって

糸を紡ぐ母親に連れ添う娘。娘は母親から仕事を教えてもらって育つ。

ケロ村では年老いた女性が多い。

燃料に使う乾燥したリュウゼツランを運ぶ女性。

2人には知らせず双方の親の胸の中にしまっておく。これより前に若い2人もそれぞれ占師を訪れ、カウサイ・パチャが共存できるものか見てもらっていた。

それではこのカウサイ・パチャが凶と出た時はどうするのだろうか。縁組がととのったら、2人は決して離れることはできない。終生結婚生活を全うしなければならないのである。今まで何例ぐらい離婚があったのか聞いてみた。皆、口をそろえるようにして「全くない」と答えた。

いる。これをカウサイ・パチャと呼んでいる。もしカウサイ・パチャが共存できるものでなければ、夫婦がどんなに努力しても水の泡である。反対にそれが一致するものであれば未来の家庭には繁栄と豊饒がもたらされる。

ヴィセンテがまずあぐらをかいた前にマントを敷いた。大きく形の整ったコカの葉を10枚選んで束ねた。マルコーサの両親や兄は心配そうにコカの束を注視している。次にマントの上にコインを一つ置いた。それをめがけて親指と人差し指で摘んだコカの束を投げつけた。葉はコインの周囲に飛び散った。その散り方によって吉凶を判断する。ヴィセンテは何回か繰り返した。

コカの葉が飛び散るたびに歓声があがる。「リキ！（やったぜ）」とか、「マナン・リキ（残念）」とか言っているが、「リキ」の方が断然多かった。その後娘の父親ディオニシオが同じように占った。この席には花婿も花嫁もいなかった。占いの結果も

機織りをする母親を見つめる父娘。

外部社会との関わり

アルパカ融資

80歳を超えたしわだらけの老人、マヌエル・キスペの頬に、涙が滲むように伝わり落ちていく。

「60万インティなんていう額は到底払えない。どうしたらよいか途方に暮れているよ」

88年4月、ケロ村の住民のほとんどが国立農業銀行の融資を受けた。1人あたり19万インティ、年22パーセントの利息で、6年返済ということだった。

その融資でケロ村の住民は各自25頭の雌、2頭の雄アルパカを手に入れた。融資は現物で受けた。

以前は現金で融資を受けることができたが、問題が生じた。家畜のため、あるいは農業のために融資をしたのに、そのために使わず、ラジカセ、レコード・プレーヤー、自転車を買ったり、ひどいときにはすべて酒に変わってしまった村もある。実情を知った銀行は、現物融資にすることにした。

しかし、別の問題が生じた。鉄道で輸送されてき

カーニバルに合わせて行うアルパカ繁殖儀礼。
供物を紙の上に集め、燃やす。

毛刈りの終わった若いアルパカ２頭に顔料を塗る。

たアルパカの相当数は傷んでいた。到着するまでに死んだアルパカもいる。ケロ村に着いてからも次々と死んでいった。マヌエルの場合は27頭のうち18頭が死んだ。

さらに、年利22パーセントであったが、契約条項に社会状況によって利率が変えられる旨のことが書いてある。１年後、銀行は年に10倍近い物価上昇を理由に年利２００パーセント、60万インティの返済を求めてきた。物価上昇率を考慮に入れればけっして高い利率ではないが、「最初からその利率だったら借りなかった」。マヌエルが愚痴を言っていると、かまどの火つけをしていた息子のニコラスが突然立ち上がり、被っていた帽子を思い切り土間に叩きつけた。

「この帽子を誰が無償で譲ってくれるというんだ。うまい話にのろうなんてすると、必ずしっぺがえしをくうものさ」

アルパカ融資は村人の大半が受けた。ニコラスは

アプ（山の守護神）に家畜の繁殖を願う。

慎重に構えて融資を受けなかった者の一人だ。政府はインディオ農民の生活向上を重点施策の一つにしている。アルパカ融資も善意によって行ったものだ。しかしケロ村の住民たちは口々に言う。

「融資をしてくれたときは現政権を手放しで称賛したものだ。今まで我々の生活向上のために金を融通してくれる政権なんかなかったからね。しかし今は借金地獄に苦しみ、物価は上昇し、現政権を支持する村人は一人もいないよ」

ラッサロの事故死

ディオニシオ・アパサは一人息子のラッサロ・アパサの死について、多くを語りたがらなかった。ラッサロはケロ村で私と最も仲のよい男だった。88年、国立農業銀行はケロ村にアルパカ購入のための融資をした。銀行から牧場主への支払いも済んでいた。ところが牧場主はなかなかアルパカを送ってよこさなかった。

トウモロコシの運搬がすべて終わると、リャマの繁殖儀礼が行われる。

ケロ村では、ラッサロ・アパサがアルパカ融資に対する代表委員に選ばれていた。ラッサロは仲間数人を連れてシクアニの牧場主の所に詰めかけ、催促したが、いつもうまくかわされていた。5回目の催促に出かけたとき、事故が起こった。

父親のディオニシオとマリアーノという20歳前の若者が同行した。牧場主がいつものように歓待してくれた。その時の状況をディオニシオは以下のように話した。

「私は体調が悪かった。応接間の隣の部屋で早々と横になった。残ったラッサロとマリアーノ、牧場主は酒を飲みながら、和やかに語り合っていたよ。そのうちに口論をする声が聞こえてきた。口論が収まり、私はうとうとし始めるといきなり銃声が聞こえた。驚いて飛び起き、隣の部屋のドアを開けた。ラッサロは床に崩れ落ち、頭から血を流していた。

牧場主は部屋の隅に立っていたが私を見ると、『外から誰かがラッサロを撃った』と言って外に出ていった。私はラッサロを抱き起こしたがすでに息はなかった。しばらくすると牧場主は、離れの部屋で寝ていた娘婿である警官を連れて来た。警官は私とマリアーノに『何をボヤボヤしているんだ、早く血で汚れた床をきれいに拭きとった。私たちは雑巾で血痕をきれいに拭きとった。

翌朝、検事と数人の警官がやって来た。検事はいきなり私たちを怒鳴りつけた。

『なぜ床の血痕を拭きとってしまったんだ。大切な証拠をなくしてしまったじゃないか』。すぐに警察に連れていかれて、ブタ箱に入れられてしまったよ」

警察はマリアーノの証言をもとに、「ラッサロがピストルで遊んでいるうちに誤って暴発した」と結論を出した。

私はマリアーノにも会って確認したが、警察の結論の決め手となった証言以上のことは話したがらなかった。しかし、村人の多くは、彼が牧場主から金を貫い、偽りの証言をしたものと信じている。

亡くなった、私の最初のコンパドレ、ラッサロ・アパサ。

太陽が出るとともにアルパカを放牧地に連れて行く。アルパカの毛は外から来た商人に売る。唯一の現金収入源だ。

ラッサロが元気だったころのアパサー家。

アルパカ牧童協会

ケロ村はインカ帝国の首都であった古都クスコの住人にとっても別世界だ。トラックの荷台に6～7時間揺られた後、2日間歩かなければならない。その辺鄙さに、ほぼ自給自足の生活ができるという事情が加わって、外界との交渉は少ない。そのため村の外に目を向ける者も少ない。その中でセバスチャン・マチャカ氏は特異な存在だ。

8年間連れ添った妻がお産で亡くなった後、酒の量が増え、飲んだくれた。村人からは、軽蔑された時期もある。ところが、隣のアンカス村の牧師の話に感じ入り、福音派に改宗した。

村で唯一のプロテスタントになった。酒は一滴も飲まなくなった。福音派の教会では、「自分を犠牲にして、他人のために尽くす」ように教えている。セバスチャンはケロの村人の利益を守るために何かしたいと思った。そのためにはまずスペイン語を学ばなければならないと思った。ケロ村では、一人の男を除いて全員スペイン語を理解しない。彼は一から勉強しはじめた。

福音派の信者の多いティンケ村に行ったとき、ここに本部を置くアルパカ牧童協会の存在を知った。牧童たちは仲買人にアルパカの毛や農作物を買い叩かれることが多い。それを防ぐために、それらをまとめて一定以上の値で売ろうとする協同組合だ。セバスチャンは、ケロ村もこの協会に入れば仲買人に騙《だま》されなくてすむ、そのために一肌脱ごうと思った。彼は今、年4回ケロ村のアルパカの毛をティンケに運んでいる。彼に、ケロ村で現在いちばん必要なものは何か尋ねてみた。

「自動車道がケロ村まで通じ、小学校にいい教師が来ればいい。それから村に診療所ができればいいな。せっかく生まれた子どもがたくさん死んでいるからな」

彼も亡くなった妻との間に5人の子どもが生まれたが、全員生後1週間以内に死んでしまったのだ。

カーニバルで歌を歌う女たち。新しいマント
を羽織り、カーニバル用の帽子を被る。

ケロ再訪

村の変化

95年、久しぶりにケロ村を訪問した。自動車道の通じているオコンガテから馬に乗って行く。オコンガテには以前なかった電気が通じていた。途中まで車の通れる道路が伸びていた。初めてここに来た時は軍事政権から民政移管したばかりだった。それから中道左派のアラン・ガルシア政権を経て、フジモリ政権になっていた。

オコンガテを出て2日目に標高4600メートルの峠を越え、チョワチョワに着いた。ここに16家族が住んでいる。ケロ村は119家族に増えているという。81年、初めて訪れた時は4地域に分かれていたが、いまは6地域に増えていた。

チョワチョワでマルセロ・チュラさんの土地にテントを張らせてもらった。彼は一時この地から出ていた。村でも有数の家畜持ちだったが、7～8年前からケロでも家畜泥棒が増え、マルセロさんの家畜

背負われている赤ちゃんは肺炎で亡くなった。

も盗まれるようになった。彼は息子夫婦にその地を任せ、家畜を連れてコリパクチョに移っていたのだ。最近再び戻ったばかりだった。

91年頃から自警団が作られるようになった。警察や裁判所に頼らず、自分たちで犯人を捕らえ、自分たちで犯人を裁き、自分たちで刑罰を加える。

裁判所や警察に頼ると、捕まえた家畜泥棒やその家族が、警官や裁判官にいくばくかの金または家畜をプレゼントする。すると家畜泥棒は簡単に釈放される可能性がある。そのため家畜泥棒はいつまでも甘い汁を吸い続けることができる。それを防ぐために自らの手で犯人を捕らえ、刑罰を加えるようになった。犯人は公衆の面前でリンチを受ける。この組織ができて以来家畜泥棒が減ったのでマルセロさんもチョワチョワに戻って来た。

マルセロさんに95年に行われた大統領選挙のことを尋ねた。

「私はフジモリに投票したし、村人全員がフジモリ

亡くなった赤ちゃんは布に包まれて埋められる。

に投票しただろう。彼が大統領になってから泥棒が減った。それまでは家畜泥棒が多かったが、ロンダ（自警団）ができてからは少なくなり、今ではケロ周辺ではほとんど泥棒はいなくなったよ」

ケロとその周辺およそ600家族が集まって自警団を構成している。先日もカヤカンチャ村でその集まりがあった。そこで7人の家畜泥棒の刑が執行された。刑は公開で行われた。足を縄で結ばれ、家の梁に逆さ吊りにされる。肩を硬い棒で3回叩かれる。その痛さと辱めさへの恐怖心から泥棒を行うものが少なくなっているという。

月に1回集会があり、刑の執行が行われる。泥棒は捕まえられると、公開で裁判が行われるが、目撃者、証拠、自白などが必要だ。自白させるために池の中に24時間漬けたり、拷問まがいのことを行うこともあるという。また、無実の者に刑を科したり、つまらない罪で捕まえてみたりということもある。そのため、中央政府や地方の行政府に不満を訴える件数も多くあるという。

しかし、自浄作用もあるようで、あまりにも行き過ぎた取調べや、刑を執行する幹部は村人たちから突き上げられ、罷免されるという。その後自警団は政府よりお墨つきをもらい、法的にも認められるものとなった。一方で警察、裁判所は、この組織を敵対視している。

「今までは泥棒が多ければ多いほど警官、裁判官の副収入も多かったからね」と通訳のファン・ウィサがククククッと笑う。泥棒の賄賂によって釈放されたり、罪が軽減されることがよくあるからだ。

ペルー中央部では、自警団が政府から武器を受け、見回りをしているという。村人でも旅行者、通行人に職務質問できる。自警団の普及はペルー全国でテロ活動を展開する左翼ゲリラ、センデロ・ルミノソが弱体化する原因ともなった。しかし越権行為で人権問題も引き起こしている。

葬式ではジャガイモ、肉の入ったスープ、酒が振る舞われる。

墓は家の近くにある。男たちだけで埋葬する。

ケロの今後

ケロの村へは15年間で12回訪問した。滞在期間も通算で12カ月にもなり、あらゆるシーズンにわたるケロの人々の暮らしぶりを見てきた。なぜこれほどまでにケロは私を惹きつけるのだろう。

小さい頃から、タイムマシーンに乗って歴史を遡ることができたら、なんと素晴らしいだろうかと常々思ってきた。それがケロに行けば時間を遡って、500年以上も前の世界に入っていけた。私はほかの誰もが持っていないすごい機械を手に入れた気になった。私がケロで見たものは、インカ時代あるいはそれ以前の農民とか牧民の暮らしぶりだった。インカの庶民はこういう風に生きていたんだなと思わせるような生活がはつらつとしてそこにあった。

ケロまではいちばん近い村から徒歩で2日かかる。ケロに到着すると、途中通過した村々とはまるで違う、別世界に迷い込んだような気分になる。日本で

11月1日の全霊祭では死者の供養をする。

あれば鎌倉時代か室町時代の中世の農村に突然迷い込んでしまったようなものである。日本にはそこまで古い伝統を維持している村はもちろんない。しかし、アンデスには数百年も前から時が止まってしまったような村が現実にあったのだ。

男の身につけているウンクはケロだけに残されたものである。袖も襟もないシャツの一種で、膝上までの長さがある。黒色の極上の一枚布で作られていて、織りは緻密で、雨も通りにくいほどである。ズボンも黒色でバミューダのように短い。チュンピという巧みに装飾された帯で縛る。頭にはチューユという耳覆いのついた毛糸の帽子をかぶる。このいでたちで高原を走っていく姿はインカ時代の飛脚チャスキを彷彿させるものがある。

約40年前までは男たちは長く伸ばした髪を三つ編みにしていたが、それは彼らによればインカの血統を誇示するものであった。ところが荘園主によって無理やり切らされてしまった。食べるものも住むと

墓参りの前夜、祭壇を作り、供物を並べて家長が祈りを捧げる。

リャマの繁殖儀礼で、リャマにチーチャを飲ませる。

アルパカを押さえつけて、毛刈りを手伝うアンドレス・アパサの娘たち。

ころも農具もインカ時代そのものだ。前述したように畑作の共同作業や道、橋の補修作業はインカ道や立派な公共建造物を残したインカの仕事を思い起こさせるものだった。

精神世界でもすべての行事に際して山の聖霊アプや地母神パチャママに祈りが捧げられた。病気の治療、占いにもこれらの神々の力を必要とした。新しく入ってきたカトリックの信仰よりも根強くケロの人々の心にすみついている。

7月28日はペルーの独立記念日である。どんな奥地であっても政府の力の及んでいるところであれば、学校を中心にして盛大な祝典が催される。ケロでも何か行事があるのではないかと思って待ち構えていたが、結局何も行われなかった。というよりもケロの人々はその日が独立記念日だということさえも知らなかった。

それでは、このインカを背負い込んだ村はこのまま何十年も何百年も変わらずにいるのだろうか。ケ

野外で帯を作る。

ロの大人たちは一生ここに骨を埋めようと思っている者が多い。しかし、子どもたちにはここに住んで欲しくないと思っている。

若者の多くが「村まで自動車道路が通じればいい」と考えている。道路があれば農作物を売れるし、アルパカの毛も今より高く売れるからだ。よその世界に飛び出して行きたいと思っている男の子も多い。

彼らの思惑どおりに進めば、村は急速に変貌していくだろう。インカの伝統を守り続けて欲しいと思ってもそれは私の虫のいい願望にすぎない。

ケロは野外博物館ではない。若者たちの意識の変化も著しい。クスコに荷担ぎの出稼ぎに、アマゾン地方に金掘りに出かける。ラジカセや腕時計、スニーカーを手に入れた。しかしマラリア、肝炎などに罹《かか》ってくる者も多い。

この村がどのような変貌を遂げるのか、子どもたちがどのように成長していくのか、これからもこの村に通い、見守り続けたい。

ケロの男のひび割れた足。古タイヤで作ったオホタという草履を履くこともあるが、裸足の時も多い。標高差の大きい道を毎日のように歩く。

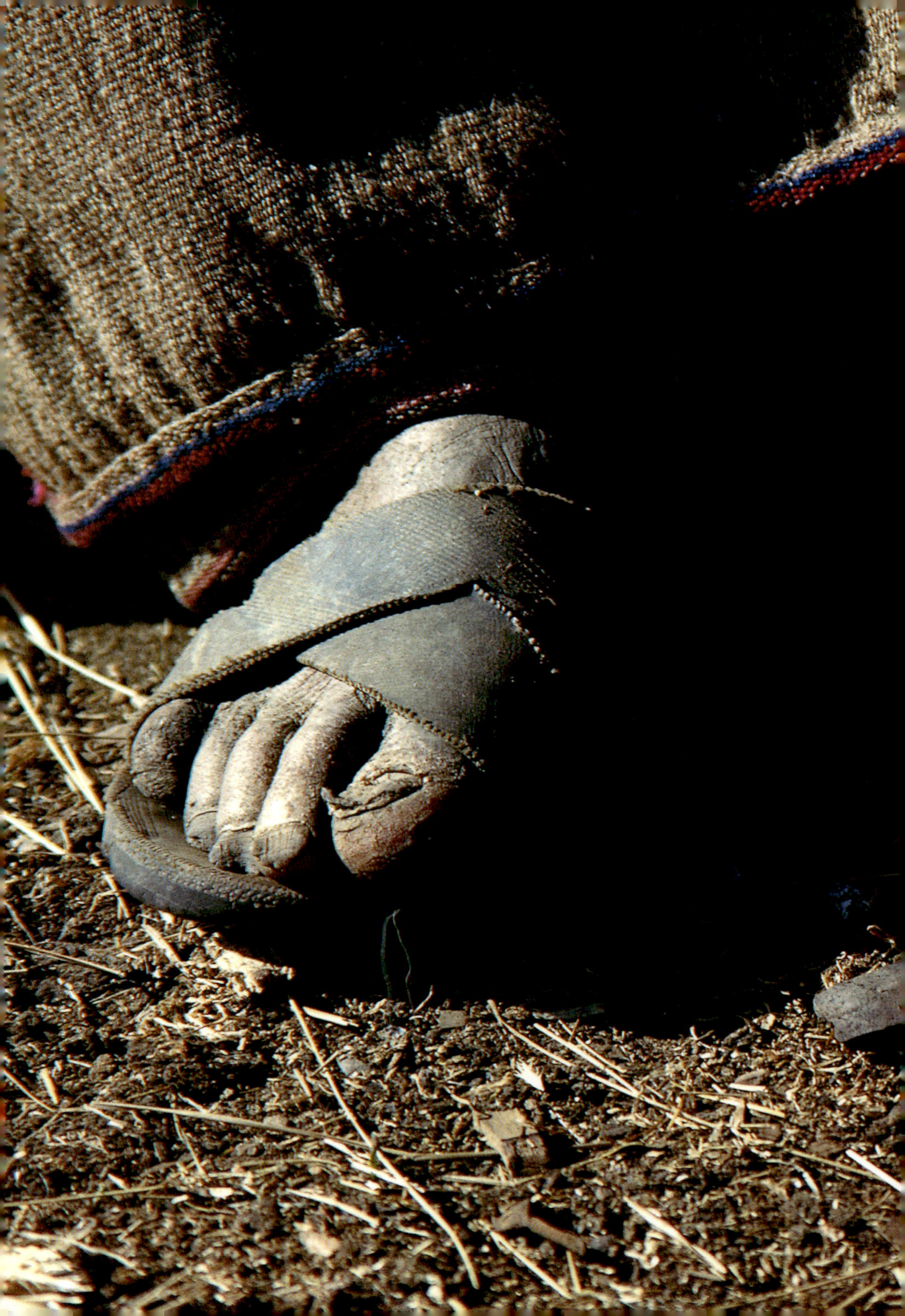

あとがき

1993年に人類の軌跡を辿る旅「グレートジャーニー」を南米最南端パタゴニアから始め、2002年無事にゴールのタンザニア・ラエトリに到着しました。その途上には様々な自然があり、様々な動物が生き、植物が繁茂していました。生物たちは移動、停滞しながら進化していき、その土地に適合したものが残ったのです。

移動するにつれて自然は変わっていきました。海、氷河、高地、熱帯雨林、砂漠、湿地帯、サバンナ、極北の永久凍土帯。どんな所でも人間が暮らしていました。同じ種の生物がこれほど多様な環境に適応して暮らしているのは珍しいことです。少なくとも哺乳類にはいません。私たちと一番最後に別れたサルの仲間は北緯41度、下北半島より北に進出することはできませんでした。

何故、人間だけがこれほどまでに多様な自然環境の中に生きてこられたのでしょうか。人類はもともと熱帯性または亜熱帯性の動物です。身体的には、本来は暖かいところに適応していました。人間の行動の特徴は遺伝子にプログラムされたままに行動するのではなく、文化によって様々な環境に適応していきました。他の動物でも道具を使い、住居を作るものもいます。しかし、これほど巧みに、環境に合わせて文化を創造していった動物はいません。どの地域でもそれぞれ進出した地域の環境に応じて、創意工夫と知恵によってその土地に適応し根付いていきました。自然環境が多種多様なだけ文化も多様で複雑なものになったのです。

南米の西に世界最長のアンデス山脈が連なっています。ペルーを中心とした中央アンデスの景観は氷河を抱いた山をバックにして美しい光景が続きます。しかし、文明が発生するために必須の農業のための環境は厳しいものでした。極北や砂漠と同じように過酷な環境です。しかし、中央アンデスの人々はこの厳しい環境を克服して既に３０００年前に世界史上特異で高度な文明を築き上げました。

他にない特徴は、標高に応じて放牧地と農耕地を違えたことと、作物も高度に応じて異なるものを栽培したことです。大きな高度差を利用し、できる限り多くの生態系を効率的に利用する戦略はアンデスではインカ以前から行われていました。この本の舞台となっているケロはその中でもさらに特異で、同じ村民が標高差３０００メートルを利用しています。

アンデスの自然環境を巧みに利用し、インカ時代さながらの暮らしを続けているケロ村の人々。彼らとの交流はいつもうまくいっていたわけではありません。衝突もあり、誤解もあり、厳しい状況の時もありました。いまではほとんどの村人が歓迎してくれます。そして彼らの協力なしにはこの本はできなかったでしょう。村人たちとの共同作業の賜物だと思っています。

この本の制作には文英堂の西田孝司さん、崑崙企画の野地耕治さん、友人の吉田正さん、構成はいつものように三村淳さんにお世話になりました。心から感謝いたします。

２００３年５月　関野吉晴

畑仕事を終え、深い霧の中、家路を急ぐ母娘。
ケロでは夕方になると森のほうから霧が這い
上ってくる。

●著者紹介

関野吉晴（せきの・よしはる）

一九四九年東京生まれ。探検家、医師。一橋大学法学部卒。横浜市立大学医学部卒。一橋大学在学中に探検部を創設、アマゾン全域踏査隊長としてアマゾン川全域を下る。以来、三〇年にわたってアマゾン源流、中央アンデス、ギアナ高地など南米秘境への旅を重ねる。九三年からは、アフリカに誕生した人類がユーラシア大陸を通ってアメリカ大陸に拡散した道を、南米最南端から逆ルートでたどる「グレートジャーニー」に挑み、〇二年にタンザニア・ラエトリにゴールした。一九九九年、植村直己冒険賞受賞。現在、武蔵野美術大学教授。

写真集に『南米大陸』（朝日新聞社）、『ギアナ高地』（講談社）、『グレートジャーニー①～⑧』、『地球に生きる――グレートジャーニーのこどもたち』（共に毎日新聞社）など多数。

●構成
三村　淳

●地図製作
森図房

●編集協力
崑崙企画（野地耕治＋宮本文子）
吉田　正

インカの末裔と暮らす アンデス・ケロ村物語

二〇〇三年六月三〇日　第一刷印刷
二〇〇三年七月一〇日　第一刷発行

著　者　関野吉晴
発行者　益井英博
印刷所　凸版印刷株式会社
発行所　株式会社　文英堂
東京都新宿区岩戸町一七　〒一六二―〇八三二
電話　〇三（三二六九）四二三一（代）
振替　〇〇一七〇―三―八二四三八
京都市南区上鳥羽大物町二八　〒六〇〇―八六九一
電話　〇七五（六七一）三一六一（代）
振替　〇一〇一〇―一―六八二四

ISBN4-578-12997-7　C0072